AF276902

Diseño interior y cubierta: RAG

1.ª edición, 1976
2.ª edición, 2024

© Ediciones Akal, S. A., 1976, 2024
Sector Foresta, 1
28760 Tres Cantos
Madrid - España
Tel.: 918 061 996
Fax: 918 044 028
www.akal.com

ISBN: 978-84-460-5463-4
Depósito legal: M-126-2024

Impreso en España

V. I. Lenin

Tesis de abril

akal

ARGENTINA / ESPAÑA / MÉXICO

Las tareas del proletariado en la actual revolución[1]

Como no llegué a Petrogrado hasta el 3 de abril por la noche, en la reunión del 4 de abril pude, naturalmente, intervenir con un informe acerca de las tareas del proletariado revolucionario sólo en mi nombre y haciendo constar mi preparación insuficiente.

Lo único que podía hacer, para facilitarme la labor a mí mismo y también a los oponentes de *buena fe,* era preparar

---

[1] El artículo «Las tareas del proletariado en la actual revolución», publicado en el número 26 de *Pravda,* del 7 de abril de 1917 con la firma de N. Lenin contiene las célebres *Tesis de abril,* que probablemente escribió durante el viaje, antes de llegar a Petrogrado. Lenin leyó las *Tesis* en dos reuniones el 4 (17) de abril: en la reunión de los bolcheviques y en la reunión conjunta de bolcheviques y mencheviques delegados a la conferencia de soviets de diputados obreros y soldados de toda Rusia, realizada en el Palacio de Táuride.

Durante las deliberaciones Lenin entregó las *Tesis* a uno de los miembros de la redacción de *Pravda* insistiendo en que había que publicarlas al día siguiente e íntegramente. No obstante, debido a dificultades de imprenta, las *Tesis* no fueron publicadas el día 5, sino el 7 de abril, habiendo hecho la redacción de *Pravda* una advertencia sobre ella a sus lectores el día 6 en el número 25.

El artículo fue reproducido por los periódicos bolcheviques *Sotsial-Demokrat* (Moscú), *Proletari* (Járkov), *Krasnoiarski Rabochi* (Krasnoiarsk), *Vperiod* (Ufá), *Bakinski Rabochi, Kavkaski Rabochi* (Tiflis) y otros *[N. del Ed.].*

las tesis *por escrito*. Las leí y entregué el texto al camarada Tsereteli. Las leí *dos veces* muy despacio: primero, en una reunión de los bolcheviques y, luego, en una de bolcheviques y mencheviques[2].

Publico estas tesis personales mías sólo con notas explicativas muy breves, que en mi informe desarrollé mucho más ampliamente.

Tesis

1. En nuestra actitud hacia la guerra –que por parte Rusia, bajo el nuevo gobierno de Lvov y Cía., sigue siendo induda-

---

[2] Mencheviques: partidarios de la corriente oportunista pequeñoburguesa en la socialdemocracia rusa, vehículos de la influencia burguesa entre la clase obrera. Los mencheviques recibieron esta denominación a partir del II Congreso del POSDR, celebrado en agosto de 1903, cuando al final del mismo, al ser elegidos los organismos centrales del partido, quedaron en minoría («menshinstvó» en ruso), en tanto que los socialdemócratas revolucionarios, encabezados por Lenin, lograron la mayoría («bolshinstvó»). Tal es el origen de las denominaciones de «bolcheviques» (mayoritarios) y «mencheviques» (minoritarios). Los mencheviques trataban de conseguir un acuerdo del proletariado con la burguesía, aplicaban una línea oportunista en el movimiento obrero. Después de la Revolución democrática burguesa de febrero de 1917, que inició en Rusia el periodo de la dualidad de poderes –entrelazamiento de dos dictaduras, la de la burguesía, personificada por el Gobierno Provisional burgués, y la del proletariado y el campesinado, personificada por los soviets–, los mencheviques y los socialistas revolucionarios (eseristas) formaron parte del Gobierno Provisional, apoyaron su política imperialista y lucharon contra la creciente revolución proletaria. Los mencheviques siguieron en los soviets esta misma política de apoyo al Gobierno Provisional y de apartamiento de las masas del movimiento revolucionario. Triunfante la Revolución de Octubre, los mencheviques se convirtieron en un partido abiertamente contrarrevolucionario, organizador y partícipe de complots y levantamientos que tenían por fin derrocar el poder soviético.

blemente una guerra imperialista de rapiña, debido al carácter capitalista de ese gobierno–, no es posible tolerar concesión alguna, por pequeña que sea, al «defensismo revolucionario».

El proletariado con conciencia de clase puede dar su asentimiento a una guerra revolucionaria que justifique realmente el defensismo revolucionario sólo bajo las siguientes condiciones: a) que el poder pase a manos del proletariado y de los sectores más pobres de los campesinos, aliados al proletariado; b) que se renuncie de hecho, y no sólo de palabra, a todas las anexiones; c) que se rompa realmente y de modo absoluto con todos los intereses de los capitalistas.

Dada la indudable buena fe de grandes sectores de la masa que creen en el defensismo revolucionario, que admiten la guerra únicamente como una necesidad y no como guerra de conquista –dado que han sido engañados por la burguesía–, es preciso explicarles su error de un modo particularmente minucioso, paciente y perseverante, explicarles la ligazón indisoluble que existe entre el capital y la guerra imperialista, y demostrarles que sin abatir el capital, *es imposible* poner fin a la guerra con una paz verdaderamente democrática, una paz no impuesta por la fuerza.

Debe organizarse la propaganda más amplia de estas ideas en el ejército combatiente.

Confraternización.

2. La peculiaridad del momento actual en Rusia es el *paso* de la primera etapa de la revolución, que ha dado el poder a la burguesía por carecer el proletariado del grado necesario de conciencia de clase y de organización, *a su segunda etapa,* que debe poner el poder en manos del proletariado y de los sectores pobres de los campesinos.

Este paso se caracteriza, por una parte, por un máximo de legalidad (Rusia es *actualmente* de todos los países beligerantes el más libre del mundo); por otra parte, por la falta de violencia contra las masas; y, finalmente, por la confianza irreflexiva de estas en el gobierno de los capitalistas, los peores enemigos de la paz y del socialismo.

Esta situación peculiar exige de nosotros capacidad para adaptarnos a las condiciones *especiales* de la labor del partido entre grandes masas del proletariado, nunca vistas hasta ahora, que acaban de despertar a la vida política.

3. Ni el menor apoyo al Gobierno Provisional; demostrar la falsedad absoluta de todas sus promesas, especialmente las que se refieren a la renuncia a las anexiones. Desenmascarar a *este* gobierno, que es un gobierno de capitalistas, en vez de «exigir» que *deje de ser* imperialista, cosa inadmisible y que no hace más que despertar ilusiones.

4. Reconocer que en la mayor parte de los soviets de diputados obreros, nuestro partido está en minoría, y, por el momento, una minoría pequeña, frente *al bloque de todos* los elementos pequeñoburgueses oportunistas, sometidos a la influencia de la burguesía y que llevan dicha influencia al proletariado, elementos que abarcan desde los socialistas populares[3]

---

[3] *Socialistas populares* («enesistas»): miembros del Partido Socialista Popular del Trabajo que se separaron en 1906 del ala derecha del partido de los socialistas revolucionarios (eseristas). Reflejaban los intereses de los kulaks; eran partidarios de la nacionalización parcial de la tierra con indemnización a los terratenientes y de la distribución de la tierra entre los campesinos de acuerdo con la llamada norma laboral. Se manifestaban en favor de un bloque con los kadetes. Lenin los calificó de «socialkadetes», «oportunistas pequeñoburgueses», «mencheviques eseristas» vacilantes entre kadetes y eseristas, y señaló que ese partido «difiere muy poco del partido kadete, pues ha suprimido de su programa la exigencia de un régimen republicano y la nacionalización de toda la tierra». Dirigían el partido A. Peshejónov, N. Annenski, V. Miákotin y otros. Después de la Revolución de Febrero (1917), el partido se fusionó con los trudoviques y respaldó activamente al provisional, del que formaron parte algunos de sus representantes. Luego de la victo-

y los socialistas revolucionarios[4] hasta el Comité de Organización[5] (Chjeídze, Tsereteli, etc.), Steklov, etcétera.

---

ria de la Revolución de Octubre, los socialistas populares intervinieron en conspiraciones contrarrevolucionarias y en acciones armadas contra el poder soviético. El partido se disolvió durante la guerra civil [*N. del Ed.*].

[4] *Socialistas revolucionarios* («eseristas»): partido pequeñoburgués de Rusia que surgió a finales de 1901 y comienzos de 1902 como resultado de la unión de diversos grupos y círculos populistas (la Unión de los socialistas revolucionarios, el partido de los socialistas revolucionarios y otros). Los puntos de vista de los eseristas constituían un conjunto ecléctico de las ideas del populismo y del revisionismo. En los años de la Guerra Mundial imperialista la mayoría de los eseristas sostuvo posiciones socialchovinistas. Después del triunfo de la revolución democraticoburguesa de febrero de 1917, los eseristas, junto con los mencheviques y los kadetes, fueron el apoyo fundamental del contrarrevolucionario Gobierno Provisional burgués terrateniente, gobierno del que formaban parte los dirigentes del partido socialista revolucionario (Kérenski, Avxéntiev, Chernov). Este partido se negó a apoyar las exigencias campesinas de liquidar la propiedad terrateniente sobre la tierra y se pronunció por su conservación. Los ministros eseristas del Gobierno Provisional enviaron cuerpos de represión contra los campesinos que se apoderaban de las tierras de los terratenientes. En vísperas de la insurrección armada de octubre, el partido socialista revolucionario se colocó abiertamente del lado de la burguesía contrarrevolucionaria, defendió el régimen capitalista y se aisló de las masas del pueblo revolucionario.

A finales de noviembre de 1917 el ala izquierda de los eseristas formó el partido independiente de los eseristas de izquierda. Tratando de mantener su influencia entre las masas campesinas, los eseristas de izquierda reconocieron formalmente el poder soviético y llegaron a acuerdos con los bolcheviques, pero muy pronto reiniciaron la lucha contra el poder soviético.

En los años de la intervención militar extranjera y de la guerra civil, los eseristas llevaron a cabo una labor de zapa contrarrevolucionaria; apoyaron activamente a los intervencionistas y a los guardias blancos, participaron en complots contrarrevolucionarios, organizaron actos terroristas contra miembros del Estado soviético y del Partido Comunista.

Explicar a las masas que los soviets de diputados obreros son la única forma *posible* de gobierno revolucionario, por cuya razón, mientras *este* gobierno se someta a la influencia de la burguesía, nuestra tarea es *explicar* de manera paciente, persistente y sistemática, los errores de su táctica, dar una explicación adaptada especialmente a las necesidades prácticas de las masas.

Mientras estemos en minoría, realizaremos la tarea de criticar y señalar los errores, propugnando, al mismo tiempo, la necesidad de que todo el poder del Estado pase a los soviets de diputados obreros para que, sobre la base de la experiencia, las masas superen sus errores.

5. No una república parlamentaria –volver a ella desde los soviets de diputados obreros sería un paso atrás–, sino una república de los soviets de diputados obreros, peones rurales y campesinos, en todo el país, de abajo a arriba.

Supresión de la policía, del ejército y de la burocracia[6].

Después de terminada la guerra civil, los eseristas continuaron su actividad enemiga dentro del país y entre los emigrados blancos *[N. del Ed.]*.

[5] *Comité de Organización* (CO): Centro dirigente de los mencheviques creado en 1912 en la conferencia de agosto de los liquidadores. En los años de la Guerra Mundial imperialista defendió posiciones socialchovinistas, justificó la guerra por parte del zarismo, defendió el nacionalismo y el chovinismo. Editaba la revista *Nasha Zariá* y cuando esta fue clausurada, editó *Nashe Dielo,* más tarde *Dielo,* y el diario *Rabócheie Utro,* luego *Utro.* Funcionó hasta las elecciones del CC del partido menchevique, en agosto de 1917. Además del CO que actuaba en Rusia, existió el Secretariado en el Extranjero del CO que tuvo posiciones próximas al centrismo y que, cubriéndose con frases internacionalistas, en los hechos apoyaba a los socialchovinistas rusos. El Secretariado editó su propio órgano de prensa, *Izvestia del Secretariado en el Extranjero del CO del Partido Obrero Socialdemócrata de Rusia,* que se publicó desde febrero de 1915 hasta marzo de 1917 *[N. del Ed.]*.

[6] Es decir, sustituir el ejército regular por el armamento del pueblo.

Los salarios de los funcionarios, todos los cuales son elegibles y amovibles en cualquier momento, no deberán nunca exceder del salario medio de un obrero calificado.

6. En el programa agrario, trasladar toda la atención a los soviets de diputados peones rurales.

Confiscación de todas las tierras de los terratenientes. Nacionalización de *todas* las tierras del país, de las que dispondrán los soviets locales de diputados peones rurales y campesinos. Creación de soviets especiales de diputados campesinos pobres. Establecimiento en todas las grandes fincas (con una extensión de 100 a 300 desiatinas, según, el lugar y demás condiciones, y conforme determinen los organismos locales) de haciendas modelo bajo el control de los soviets de diputados peones rurales y por cuenta de la comunidad.

7. Fusión inmediata de todos los bancos del país en un banco nacional único, sometido al control de los soviets de diputados obreros.

8. Nuestra tarea *inmediata* no es la «introducción» del socialismo, sino sólo poner enseguida la producción social y la distribución de productos bajo el control de los soviets de diputados obreros.

9. Tareas del partido:
   a) celebración inmediata de un congreso del partido;
   b) modificación del programa del partido, principalmente:
      1) sobre el imperialismo y la guerra imperialista;
      2) sobre la actitud hacia el Estado y *nuestra* reivindicación de un «Estado-comuna»[7];
      3) modificación del programa mínimo, que ha envejecido;

---

[7] Es decir, de un Estado cuyo prototipo fuese la Comuna de París.

c) cambiar el nombre del partido[8].

10. Renovar la Internacional.

Iniciativa para crear una Internacional revolucionaria, una Internacional contra los *socialchovinistas* y contra el «centro»[9].

* * *

Para que el lector pueda darse cuenta de por qué he tenido que resaltar de manera especial, como una rara excepción, el «caso» de oponentes de buena fe, lo invito a comparar las tesis antepuestas, con la siguiente objeción formulada por el señor Goldenberg: «Lenin –dice– ha enarbolado la bandera de la guerra civil en el seno de la democracia revolucionaria» (cfr. número 5 de *Edinstvo*[10], del señor Plejánov).

---

[8] En lugar de «socialdemocracia», cuyos dirigentes oficiales han traicionado al socialismo en el mundo entero y se han pasado a la burguesía (los «defensistas» y los vacilantes «kautskistas»), debemos llamarnos Partido Comunista.

[9] Se llama «centro», en la socialdemocracia internacional, a la tendencia que oscila entre los chovinistas («defensistas») y los internacionalistas, es decir, Kautsky y Cía. en Alemania; Longuet y Cía. en Francia; Chjeídze y Cía. en Rusia; Turati y Cía. en Italia; MacDonald y Cía. en Inglaterra, etcétera.

[10] *Edinstvo [Unidad]*: periódico del grupo de la extrema derecha de los mencheviques defensistas encabezado por J. V. Plejánov, que se publicó en Petrogrado. Entre mayo y junio de 1914 aparecieron cuatro números. Desde marzo a noviembre de 1917 salió diariamente. Desde diciembre de 1917 a enero de 1918 apareció bajo el título de *Nashe Edinstvo*. Apoyó al Gobierno Provisional, la coalición con la burguesía, «un poder firme», luchó contra los bolcheviques, recurriendo a menudo a métodos panfletarios. Lenin señalaba la conducta de *Edinstvo* como «complicidad con las fuerzas oscuras que amenazan con la violencia, con el pogrom, con las bombas» y denominaba al diario «periódico injuriante» (*Obras completas*, t. XXV, «Contra los pogromistas» y «Las infructuosas tentativas del señor Plejánov de escapar por la tangente»). Este perió-

Una perla, ¿no es verdad?

Escribo, anuncio y explico detalladamente: «dada la indudable buena fe de *grandes* sectores de la masa que creen en el defensismo revolucionario... dado que han sido engañados por la burguesía, es preciso explicarles su error de un modo *particularmente* minucioso, *paciente* y perseverante...».

Y esos caballeros burgueses, que se llaman socialdemócratas y que no pertenecen ni a los *grandes sectores* ni a la *masa* que creen en el defensismo, tienen el descaro de reproducir e interpretar en los términos siguientes mis ideas: «Ha enarbolado [¡!] la bandera [¡!] de la guerra civil» (¡ni en las tesis ni en mi informe se habla para nada de la guerra civil!) «en el seno [¡¡!!] de la democracia revolucionaria...».

¿Qué quiere decir eso? ¿En qué se distingue de la agitación pogromista de *Rússkaia Volia*?[11].

Escribo, anuncio y explico detalladamente: «Los soviets de diputados obreros son *la única* forma *posible* de gobierno revolucionario, por cuya razón nuestra tarea es *explicar* de manera paciente, persistente y sistemática los errores de su táctica, una explicación adaptada especialmente a las necesidades prácticas de las masas...».

Pero cierta clase de opositores presenta mis ideas como un llamamiento a la ¡guerra civil «en el seno de la democracia revolucionaria»!

___

dico recibió con hostilidad la Revolución de octubre y la instauración del poder soviético *[N. del Ed.]*.

[11] *Rússkaia Volia [La voluntad rusa]*: diario burgués, fundado por el ministro zarista del Interior A. D. Protopópov y subvencionado por los grandes bancos. Apareció en Petrogrado desde diciembre de 1916. Después de la revolución democraticoburguesa de febrero realizó una campaña de calumnias contra los bolcheviques. Lenin lo calificó «como uno de los periódicos burgueses más infames». Fue clausurado por el Comité Militar Revolucionario el 25 de octubre de 1917 *[N. del Ed.]*.

He atacado al Gobierno Provisional por *no* haber señalado una fecha próxima, o fecha alguna, para la convocatoria de la Asamblea Constituyente, limitándose a simples promesas. Y he demostrado que *sin* los soviets de diputados obreros y soldados no está garantizada la convocatoria de la Asamblea Constituyente ni su éxito es posible.

¡¡¡Y se me imputa ser contrario a la convocatoria inmediata de la Asamblea Constituyente!!!

De buen grado calificaría todo eso de «delirio» si decenas de años de lucha política no me hubiesen enseñado a considerar como una rara excepción la buena fe en el *contrincante*.

El señor Plejánov dice en su periódico que mi discurso constituye un «delirio». ¡Perfectamente, señor Plejánov! Pero ¡cuán torpe, cuán poco ágil y cuán poco perspicaz se nos revela usted en su polémica! Si me pasé dos horas enteras delirando, ¿por qué cientos de oyentes toleraron esos «delirios»? Más aun: ¿y para qué dedica usted en su periódico toda una columna a reseñar un «delirio»? ¡Las cosas no resultan, señor!

Naturalmente, es mucho más fácil gritar, injuriar y vociferar que procurar exponer, explicar, recordar *qué* dijeron Marx y Engels en 1871, en 1872 y en 1875, sobre las experiencias de la Comuna de París[12] y sobre el *tipo* de Estado que el proletariado necesita.

Por lo visto, al exmarxista señor Plejánov no le gusta recordar el marxismo.

Citaba yo las palabras de Rosa Luxemburg, que el 4 de agosto de 1914[13] calificó a la socialdemocracia *alemana* de «ca-

---

[12] Véase K. Marx y F. Engels, *Obras escogidas,* ed. cit., «Manifiesto del Partido Comunista. Prefacio a la edición alemana de 1872», p. 9; K. Marx «La guerra civil en Francia», pp. 325-374; «Cartas a Kugelmann del 12 y 17 de abril de 1871», p. 756 *[N. del Ed.].*

[13] El 4 de agosto de 1914 el grupo socialdemócrata votó junto con los representantes burgueses la concesión al gobierno del káiser de un em-

dáver pestilente». Y los señores Plejánov, Goldenberg y Cía. se sienten «ofendidos». ¿En nombre de quién? ¡En nombre de los chovinistas *alemanes,* porque fueron llamados chovinistas!

Los pobres socialchovinistas rusos, socialistas de palabra y chovinistas de hecho, se han armado un lío.

---

préstito de 5.000 millones que serían destinados a la industria bélica; se aprobaba así la política imperialista de Guillermo II. Como pudo comprobarse más tarde, los socialdemócratas de izquierda, al discutir esta cuestión dentro del grupo socialdemócrata, antes de la reunión del Reichstag, estaban en contra de otorgarle al gobierno créditos para la guerra, pero se subordinaron a la resolución de la mayoría oportunista del grupo socialdemócrata y votaron por el empréstito. En nombre de todo el grupo socialdemócrata H. Haase leyó la siguiente declaración: «Nos encontramos ante el hecho indudable de la guerra. Nos amenazan las calamidades de los ataques enemigos; debemos ahora votar no por la guerra o contra esta, sino resolver el problema de asignar los recursos necesarios para la defensa del país». La declaración terminaba con el compromiso de los socialdemócratas «de votar los empréstitos para los fines requeridos» *[N. del Ed.].*

Cartas sobre táctica[1]

Prefacio

El 4 de abril de 1917 tuve oportunidad de hacer un informe sobre el tema indicado en el título, primero, en una reunión de bolcheviques en Petrogrado. Eran delegados a la conferencia de los soviets de diputados obreros y soldados de toda Rusia que tenían que regresar a sus lugares de origen y, por consiguiente, no podía postergar el informe. Después de la reunión, el presidente, camarada G. Zinóviev, me propuso, en nombre de toda la asamblea, que repitiese inmediatamente mi informe en una reunión conjunta de delegados bolcheviques y mencheviques que deseaban discutir el problema de la unificación del Partido OSDR[2].

---

[1] Este folleto fue publicado en Petrogrado en 1917 por la editorial bolchevique Priboi en tres ediciones. La primera edición apareció el 27 de abril (10 de mayo) sobre lo cual se informó en el número 42 de *Pravda*. De esta forma los delegados a la VII Conferencia (de abril) del POSDR(b) tuvieron la oportunidad de familiarizarse con su contenido antes de votar, el 29 de abril (12 de mayo), la resolución sobre el momento actual. Como suplemento a las tres ediciones fueron agregadas las *Tesis de abril* [N. del Ed.].

[2] A la reunión conjunta de bolcheviques y mencheviques que intervinieron en la conferencia de los soviets de diputados obreros y soldados de

Aunque me resultaba difícil repetir inmediatamente mi informe, consideré que no tenía derecho a negarme, ya que me lo pedían *tanto mis compañeros de ideas* como los mencheviques, los que, a causa de su inminente partida, realmente no podían permitirme una postergación.

Al hacer mi informe, leí las tesis, que fueron publicadas en el número 26 de *Pravda,* del 7 de abril de 1917[3].

Tanto las tesis como mi informe dieron lugar a diferencias de opinión entre los mismos bolcheviques y la redacción de *Pravda.* Después de varias deliberaciones, por unanimidad llegamos a la conclusión de que sería conveniente discutir *abiertamente* nuestras diferencias, proporcionando así material para la conferencia de toda Rusia de nuestro partido (el Partido Obrero Socialdemócrata de Rusia, unido por el Comité Central), que ha de reunirse el 20 de abril de 1917, en Petrogrado.

---

toda Rusia asistieron también miembros del CE del Soviet de Petrogrado, representantes de los diarios *(Pravda, Edinstvo, Rabóchaia Gazeta, Izvestia),* del CC y de los Comités del POSDR de Petrogrado, del Comité de Organización, diputados socialdemócratas de las cuatro Dumas, representantes de los partidos socialistas nacionales y diputados locales.

En representación de los mencheviques intervino I. P. Goldenberg (Meshkovski), con un llamamiento a las organizaciones socialdemócratas para que se unieran; fue apoyado por V. S. Voitinski, N. S. Chjeídze e I. G. Tsereteli. Luego tuvo la palabra Lenin con su informe, que fue objeto enseguida de duras objeciones por parte de Tsereteli, Goldenberg, F. I. Dan, I. M. Steklov, I. Larin y otros. A. M. Kolontái defendió la plataforma de Lenin. Lenin y los bolcheviques abandonaron la reunión antes de que esta finalizara, dejando una declaración en nombre del CC del POSDR en la que señalaban que los bolcheviques no participarían en ningún intento de unión. El informe de Lenin fue calurosamente recibido por una serie de representantes de comités bolcheviques locales *[N. del Ed.].*

[3] Reproduzco estas tesis junto con un breve comentario del mismo número de *Pravda,* como apéndice a esta carta. (Véase el presente volumen, pp. 5-15 *[N. del Ed.]*).

En cumplimiento de esta resolución relativa a un debate, publico las siguientes *cartas,* sin pretender haber hecho en ellas un estudio *exhaustivo* del problema, sino sólo esbozar los principales argumentos, de singular importancia para las tareas *prácticas* del movimiento obrero.

Carta I
Valoración de la situación actual

El marxismo exige de nosotros un análisis estrictamente exacto y objetivamente verificable de las relaciones de clase y de los rasgos concretos propios de cada momento histórico. Nosotros, los bolcheviques, siempre hemos tratado de llenar este requisito, absolutamente esencial para dar a la política una base científica.

«Nuestra doctrina no es un dogma, sino una guía para la acción» decían siempre Marx y Engels, burlándose con razón de quienes aprendían de memoria y repetían «fórmulas» que, en el mejor de los casos, sólo pueden señalar tareas *generales,* necesariamente modificables por la situación económica y política *concreta* de cada *periodo* particular del proceso histórico.

¿Cuáles son, entonces, los *hechos* objetivos, exactamente establecidos, por los que debe guiarse ahora el partido del proletariado revolucionario al determinar las tareas y las formas de su acción?

Tanto en la primera de mis *Cartas desde lejos* («La primera etapa de la primera revolución»), publicada en *Pravda,* números del 14, 15, 21 y 22 de marzo de 1917, como en mis tesis, defino «las características específicas de la situación actual en Rusia» como un periodo de *transición* de la primera etapa de la revolución a la segunda. Por lo tanto, consideraba que la consigna fundamental, la «tarea del día»

en *ese* momento era: «¡Obreros! Ustedes han hecho pro-
digios de heroísmo proletario, el heroísmo del pueblo en la
guerra civil contra el zarismo. Ustedes deben hacer prodi-
gios de organización del proletariado y de todo el pueblo
para preparar el camino de la victoria en la segunda etapa de
la revolución» (número 15 de *Pravda*).

¿Cuál es, pues, la primera etapa?

Es el paso del poder a la burguesía.

Antes de la revolución, de febrero-marzo de 1917 el poder en Rusia estaba en manos de una antigua clase, o sea, de
la nobleza feudal terrateniente, encabezada por Nicolás Románov.

Después de esta revolución el poder está en manos de
una clase *diferente,* una clase nueva, o sea, de la *burguesía.*

El paso del poder de manos de una clase a otra es el sín-
toma primero, principal y básico de una revolución, tanto
en el sentido estrictamente científico de ese concepto, como en
el sentido político práctico.

Por consiguiente, la revolución burguesa o democraticoburguesa en Rusia se ha *consumado.*

Pero en este momento oímos un clamor de protesta de
personas que gustan llamarse «viejos bolcheviques»: ¿acaso
no hemos sostenido siempre –dicen– que la revolución democraticoburguesa culmina sólo con la «dictadura democrática revolucionaria del proletariado y el campesinado»?,
¿acaso la revolución agraria, que también es una revolución
democraticoburguesa, se ha consumado?, ¿acaso no es un
hecho, por el contrario, que *ni siquiera* ha comenzado?

Mi respuesta es: las consignas y las ideas bolcheviques, *en
general,* han sido confirmadas por la historia, pero *concretamente* las cosas sucedieron *de un modo distinto;* resultaron
ser más originales, más peculiares, más variadas de lo que
nadie podía haber esperado.

Ignorar o dejar a un lado este hecho equivaldría a parecerse a esos «viejos bolcheviques» que, más de una vez, desempeñaron tan lamentable papel en la historia de nuestro partido, repitiendo sin sentido fórmulas aprendidas de memoria en lugar de estudiar los rasgos específicos de la nueva situación, de la realidad viva.

«La dictadura democrática revolucionaria del proletariado y el campesinado» es ya una realidad[4] en la revolución rusa, pues esta «fórmula» solamente contempla una *relación de clases* y no una *institución política concreta que lleve a cabo* esa correlación, esa colaboración. «El soviet de diputados obreros y soldados»: ahí tienen ustedes hecha realidad «la dictadura democrática revolucionaria del proletariado y el campesinado».

Esa fórmula ha envejecido. Los acontecimientos la han trasladado del reino de las fórmulas al reino de la realidad, la han dotado de carne y huesos, la han concretado y con *ello* la han modificado.

Debemos ahora hacer frente a una tarea nueva y diferente: producir una división *dentro* de esta dictadura entre los elementos proletarios (los elementos antidefensistas, internacionalistas, «comunistas» que están por el paso a la comuna) y los elementos *pequeñopropietarios o pequeñoburgueses* (Chjeídze, Tsereteli, Steklov, los socialistas revolucionarios y otros defensistas revolucionarios, que se oponen a que se avance hacia la comuna y son partidarios de que se «apoye» a la burguesía y al gobierno burgués).

Quien *en el momento actual* sólo habla de «dictadura democrática revolucionaria del proletariado y el campesinado» está atrasado y, en consecuencia, se ha pasado en realidad a la pequena burguesía y está en contra de la lucha de

---

[4] En cierta forma y hasta cierto punto.

clase proletaria, por lo que debería ser relegado al archivo de las antigüedades «bolcheviques» prerrevolucionarias (se lo podría llamar archivo de «viejos bolcheviques»).

La dictadura democrática revolucionaria del proletariado y el campesinado se ha realizado ya, pero en una forma en extremo original y con una serie de modificaciones de suma importancia. Me ocuparé de ellas por separado en una de mis próximas cartas. Por el momento, es necesario asimilar la verdad indiscutible de que un marxista debe tomar conocimiento de la vida real, de los hechos exactos de la *realidad*, y no aferrarse a una teoría de antaño, que, como todas las teorías, a lo sumo sólo esboza lo fundamental y lo general, sólo *se aproxima* a abarcar la vida en toda su complejidad.

«La teoría, mi amigo, es gris, pero el árbol eterno de la vida es verde»[5].

Tratar *a la antigua* el problema de la «consumación» de la revolución burguesa es sacrificar el marxismo viviente a la letra muerta.

Según la forma de pensar antigua, la dominación de la burguesía podía y debía *ser* seguida por la dominación del proletariado y el campesinado, por su dictadura.

En la vida real, sin embargo, las cosas *ya* sucedieron de *modo diferente;* se produjo un entrelazamiento de lo uno con lo otro en extremo original, nuevo, sin precedentes. Tenemos lado a lado, coexistiendo simultáneamente, *tanto* la dominación de la burguesía (el gobierno de Lvov y Guchkov) *como* una dictadura democrática revolucionaria del proletariado y el campesinado que *voluntariamente* cede el poder a la burguesía, que voluntariamente se convierte en apéndice de la burguesía.

---

[5] Lenin cita aquí palabras de Mefistófeles de la tragedia de J. W. Goethe, *Fausto [N. del Ed.].*

Pues no debe olvidarse que, en realidad, en Petrogrado el poder está en manos de los obreros y los soldados; el nuevo gobierno no ejerce ni puede ejercer violencia contra ellos, pues no *existe* ni policía ni un ejército separado del pueblo, ni una burocracia todopoderosa *por encima* del pueblo. Esto es un hecho, la clase de hechos característicos de un Estado del tipo de la Comuna de París. Este hecho no se ajusta a los viejos esquemas. Hay que saber cómo adaptar los esquemas a los hechos, y no repetir palabras, que han perdido todo sentido, sobre una «dictadura del proletariado y el campesinado» *en general*.

Enfoquemos el problema desde otro ángulo, para arrojar más luz sobre él.

El marxista no debe abandonar el terreno del análisis cuidadoso de las relaciones de clase. La burguesía está en el poder. Pero ¿acaso la masa de campesinos no es *también* burguesía, sólo de una capa social diferente, de otro género, de otro carácter? ¿De dónde se deduce que *esta* capa *no puede* llegar al poder, «consumando» así la revolución democraticoburguesa? ¿Por qué ha de ser esto imposible?

Así razonan con frecuencia los viejos bolcheviques.

Mi respuesta es que es plenamente posible. Pero al valorar una situación dada, el marxista debe partir no de lo posible, sino de lo real.

Y la realidad nos muestra el *hecho* de que los diputados soldados y campesinos libremente elegidos se incorporan libremente al segundo gobierno, al gobierno paralelo, y libremente lo refuerzan, lo desarrollan y completan. Y con igual libertad entregan el poder a la burguesía, hecho que de ningún modo «contraviene» la teoría marxista, pues siempre hemos sabido, y muchas veces hemos señalado, que la burguesía se mantiene en el poder *no* sólo por la fuerza, sino también por la falta de conciencia de clase y organización, por la rutina y el estado de opresión de las masas.

Ante esta realidad de hoy, es simplemente ridículo volver la espalda a los hechos y hablar de las «posibilidades».

Es posible que el campesinado tome toda la tierra y todo el poder. Lejos de olvidar esta posibilidad, lejos de limitarme al momento actual, formulo de forma clara y definida el programa agrario, teniendo en cuenta el fenómeno *nuevo;* es decir, la división cada vez más profunda entre los trabajadores rurales y los campesinos pobres, por una parte, y los campesinos propietarios, por la otra.

Pero también hay otra posibilidad: es posible que los campesinos sigan el consejo del partido pequeñoburgués de los socialistas revolucionarios, que ha cedido a la influencia de la burguesía, ha adoptado una posición defensista y que aconseja esperar hasta la Asamblea Constituyente, aunque hasta el momento, ni siquiera se ha fijado la fecha para su celebración[6].

Es posible que los campesinos *mantengan* y prolonguen su pacto con la burguesía, pacto que han concertado ahora a través de los soviets de diputados obreros y soldados, y no sólo formalmente, sino de hecho.

Muchas cosas son posibles. Sería un gran error olvidar el movimiento campesino y el programa agrario. Pero sería un error idéntico olvidar la *realidad,* que nos muestra el *hecho* de que existe un *acuerdo* –para emplear una expresión más

---

[6] Para que mis palabras no sean malinterpretadas, diré enseguida que estoy categóricamente en favor de que los *soviets* de trabajadores rurales y campesinos se apoderen *en el acto de toda* la tierra; pero *ellos mismos* deberán observar el más estricto orden y disciplina, no permitir el menor daño de las máquinas, las construcciones o el ganado y en ningún caso desorganizar la agricultura y la producción de cereales, sino más bien *desarrollarlas,* pues los soldados necesitan el *doble* de pan, y el pueblo no debe pasar hambre.

exacta, menos jurídica, pero que expresa mejor las relaciones económicas de clase–, una *colaboración de clase* entre la burguesía y el campesinado.

Cuando este hecho deje de ser un hecho, cuando el campesinado se aparte de la burguesía, tome la tierra y el poder a pesar de la burguesía, tendremos entonces una nueva etapa de la revolución democraticoburguesa, y esto hay que tratarlo por separado.

El marxista que, ante la posibilidad de esa etapa futura, llegara a olvidar su deber *en este momento,* en que el campesinado *está de acuerdo* con la burguesía, se convertiría en un pequeño burgués. Porque, en la práctica, predicaría al proletariado *confianza* en la pequeña burguesía («esta pequeña burguesía, este campesinado, debe apartarse de la burguesía durante la revolución democraticoburguesa»). Ante la «posibilidad» de tan agradable y hermoso futuro, en que el campesinado *dejaría* de marchar a la zaga de la burguesía, en que los socialistas revolucionarios, los Chjeídze, Tsereteli y Steklov dejarían de ser un apéndice del gobierno burgués; ante la «posibilidad» de tan agradable futuro, ese marxista olvidaría el *desagradable presente,* en que el campesinado aún marcha a la zaga de la burguesía; en que los socialistas revolucionarios y los socialdemócratas aún no han abandonado su papel de apéndices del gobierno burgués como la oposición de «Su Majestad»[7], Lvov.

---

[7] La expresión «oposición de Su Majestad» pertenece a P. N. Miliukov, dirigente de los kadetes quien, en un discurso pronunciado en un almuerzo en casa del Lord mayor de Londres, el 19 de junio (2 de julio) de 1909, dijo: «Mientras exista en Rusia una cámara legislativa que controle el presupuesto, la oposición rusa seguirá siendo una oposición de Su Majestad y no una oposición a Su Majestad» (*Riech* 167, 21 de junio de 1909) *[N. del Ed.].*

Esta hipotética persona se parecería a un Louis Blanqui dulzón, a un kautskista almibarado, pero de ningún modo, a un marxista revolucionario.

Pero ¿no corremos el peligro de caer en el subjetivismo, de querer llegar a la revolución socialista, «saltando» por encima de la revolución democraticoburguesa, que aún no se ha consumado y aún no ha agotado al movimiento campesino?

Yo podría correr ese peligro si hubiese dicho: «Sin zar, con un gobierno *obrero*»[8]. Pero yo *no* he dicho tal cosa, sino algo diferente. Yo he dicho que en Rusia *no puede haber* otro gobierno (salvo un gobierno burgués) *fuera* del de los soviets de diputados obreros, trabajadores rurales, soldados y campesinos. Yo he dicho que hoy el poder en Rusia puede pasar de Guchkov y Lvov sólo a estos soviets; y en estos soviets sucede que son los campesinos, los soldados, es decir, la pequeña burguesía, quienes predominan, para emplear un término científico, marxista y hacer una caracterización de clase y no una caracterización vulgar, común, profesional.

En mis tesis me he asegurado categóricamente contra todo salto por encima del movimiento campesino, que no ha culminado, o del movimiento pequeñoburgués en general, contra todo *juego* a la «toma del poder» por un gobierno obrero, contra todo tipo de aventurerismo blanquista, pues me he referido terminantemente a la experiencia de la Comuna de París. Y esa experiencia, como sabemos, y como demostraron ampliamente Marx, en 1871, y Engels, en

---

[8]   *«¡Sin zar, con un gobierno obrero!»:* consigna antibolchevique, lanzada por primera vez en 1905 por Parvus. Esta consigna constituía una de las tesis fundamentales de la «teoría» trotskista de la revolución permanente, revolución sin el campesinado, que se contraponía a la teoría leninista de la transformación de la revolución democraticoburguesa en revolución socialista con la hegemonía del proletariado en el movimiento de todo el pueblo *[N. del Ed.].*

1891[9], excluye absolutamente el blanquismo[10] y asegura absolutamente la dominación directa, inmediata e incuestionable de la *mayoría* y la actividad de las masas sólo en la medida en que la propia mayoría actúe *conscientemente*.

En las tesis reduje el problema, de forma muy definida, al de *la lucha por lograr influencia dentro* de los soviets de diputados obreros, trabajadores rurales, campesinos y soldados. Para no dejar ni sombra de duda al respecto, subrayé *dos veces* en las tesis la necesidad de un paciente y persistente trabajo de «esclarecimiento» «adaptado a las necesidades *prácticas* de las *masas*».

Los ignorantes o los renegados del marxismo, como el señor Plejánov, pueden exclamar que esto es anarquismo, blanquismo, etc. Pero quienes deseen pensar y aprender, no podrán dejar de comprender que blanquismo significa la toma del poder por una minoría, mientras que los soviets son *reconocidamente* una organización directa e inmediata de la *mayoría* del pueblo. El trabajo limitado a la lucha por lograr influencia *dentro* de esos soviets no puede, sencillamente *no puede*, ir a parar al pantano del blanquismo. Tampoco puede ir a parar al pantano del anarquismo, porque el

---

[9] Véase K. Marx y F. Engels, *Obras escogidos*, ed. cit., K. Marx, «La guerra civil en Francia. Introducción de F. Engels», pp. 325-332 *[N. del Ed.]*.

[10] *Blanquismo:* corriente del movimiento socialista francés, encabezada por el destacado revolucionario Louis Auguste Blanqui (1805-1881), representante del comunismo utópico de su país. Negaba la lucha de clase y sostenía que «la humanidad se liberaría de la esclavitud asalariada, no por la lucha de clase del proletariado, sino mediante la conjura de una pequeña minoría de intelectuales» (véase V. I. Lenin, *op. cit.,* t. X, «Para un balance del Congreso»). Su táctica era sustituir la actividad del partido revolucionario por acciones de un grupito de conspiradores, no analizaba las condiciones concretas que se requieren para el triunfo de la insurrección y subestimaba la vinculación con las masas *[N. del Ed.]*.

anarquismo niega *la necesidad de un Estado y del poder político* en el periodo de *transición* de la dominación de la burguesía a la dominación del proletariado. Mientras que yo, con una precisión que excluye toda posibilidad de malentendido, *defiendo* la necesidad del Estado en este periodo, aunque, de conformidad con Marx y con las lecciones de la Comuna de París, defiendo no al Estado parlamentario burgués corriente, sino un Estado *sin* ejército regular, *sin* una policía enfrentada con el pueblo, *sin* una burocracia ubicada por encima del pueblo.

Cuando el señor Plejánov grita a voz en cuello en su periódico *Edinstvo* que esto es anarquismo, no hace sino dar una prueba más de su ruptura con el marxismo. Al desafío que le hice en *Pravda* (número 26), pidiéndole que explicara lo que Marx y Engels enseñaron sobre la materia en 1871, 1872 y 1875[11], el señor Plejánov sólo puede guardar silencio sobre el problema en discusión y proferir insultos al estilo de la burguesía exasperada.

El señor Plejánov, el exmarxista, no ha comprendido *en absoluto* la teoría marxista del Estado. Por otra parte, los gérmenes de esta incomprensión pueden también hallarse en *su* folleto alemán sobre el anarquismo[12].

* * *

Veamos ahora cómo formula el camarada I. Kámenev, en el número 27 de *Pravda,* sus «discrepancias» con mis tesis y con los conceptos antes expuestos. Esto nos ayudará a comprenderlos con mayor claridad.

---

[11] Véase el presente volumen, p. 14 *[N. del Ed.]*.
[12] Lenin se refiere al trabajo de J. V. Plejánov, *Anarquismo y socialismo,* publicado por primera vez en Berlín en alemán en 1894 *[N. del Ed.]*.

Por lo que se refiere al esquema general del camarada Lenin –escribe el camarada Kámenev–, nos parece inaceptable, por cuanto parte de la suposición de que la revolución democraticoburguesa se ha consumado y confía en la inmediata transformación de esa revolución en una revolución socialista...

Aquí hay dos grandes errores.

Primero. El problema de la «consumación» de la revolución democraticoburguesa está enunciado erróneamente. El problema está planteado de un modo abstracto, simple, y por así decirlo, de un solo color que *no* corresponde a la realidad objetiva. Plantear *así* el problema, preguntar *ahora* si «se ha consumado la revolución democraticoburguesa» y no decir *nada* más es impedirse a sí mismo ver la realidad en extremo compleja que, por lo menos, es de dos colores. Esto es en teoría. En la práctica, significa entregarse, impotente, *al revolucionarismo pequeñoburgués.*

En efecto, la realidad nos muestra tanto el paso del poder a manos de la burguesía (una revolución democraticoburguesa «consumada» del tipo corriente), como la existencia, junto al gobierno legítimo, de un gobierno paralelo, que representa la «dictadura democrática revolucionaria del proletariado y el campesinado». Este «segundo gobierno» ha cedido *él mismo* el poder a la burguesía, se ha encadenado *él mismo* al gobierno burgués.

¿Cubre esta realidad la vieja fórmula bolchevique del camarada Kámenev, que dice que «la revolución democraticoburguesa no se ha consumado»?

No, la fórmula es anticuada. No sirve para nada. Es una fórmula muerta. Y es inútil tratar de resucitarla.

Segundo. Una cuestión práctica. ¿Quién sabe si es ahora posible que surja en Rusia una «dictadura democrática revolucionaria del proletariado y el campesinado» *especial, separada* del gobierno burgués? La táctica marxista no puede basarse en incógnitas.

Pero si esto es todavía posible, entonces hay uno, y sólo un camino hacia ello: que los elementos proletarios comunistas se separen inmediata, resuelta e irrevocablemente de los elementos pequeñoburgueses.

¿Por qué?

Porque no es por casualidad, sino por necesidad, que la pequeña burguesía entera se ha volcado al chovinismo (defensismo), al «apoyo» a la burguesía, a la dependencia de esta, al «temor» de quedarse sin ella, etcétera.

¿Cómo se puede «empujar» a la pequeña burguesía hacia el poder, incluso si ahora que puede tomar el poder *no quiere* hacerlo?

Esto sólo puede lograrse separando de ella al partido proletario, comunista, librando una lucha de clase proletaria, *libre* de la timidez de esos pequeñoburgueses. Sólo la unión de los proletarios, libres en los hechos —y no sólo de palabra— de la influencia de la pequeña burguesía, puede hacer arder con tanta fuerza el piso bajo los pies de la pequeña burguesía, que esta, en determinadas condiciones, *se vea obligada* a tomar el poder. Incluso está dentro de los límites de las posibilidades que Guchkov y Miliukov estén —en determinadas circunstancias, repito— en favor de entregar el poder total y único, a Chjeídze, Tsereteli, los socialistas revolucionarios y Steklov, puesto que a fin de cuentas estos son «*defensistas*».

Separar ahora mismo, inmediata e irrevocablemente, a los elementos proletarios que están en los soviets (es decir, al partido proletario, comunista) de los elementos pequeñoburgueses, es expresar acertadamente los intereses del movimiento en *cualquiera* de los dos casos posibles: en el caso de que en Rusia se produzca una «dictadura del proletariado y el campesinado», particular, independiente de la burguesía, y en el caso de que la pequeña burguesía no consiga separarse de la burguesía y vacile eternamente (es decir, hasta que se establezca el socialismo) entre nosotros y ella.

Guiarse en la propia actividad sólo por la simple fórmula «la revolución democraticoburguesa no se ha consumado» es lo mismo que encargarse de garantizar que la pequeña burguesía es indiscutiblemente capaz de independizarse de la burguesía. Obrar así es entregarse en el momento dado a merced de la pequeña burguesía.

Por otra parte, a propósito de la «fórmula» de la dictadura del proletariado y el campesinado, es conveniente recordar que en *Dos tácticas* (julio de 1905) yo subrayaba especialmente (p. 435, *En doce años*[13]):

> La dictadura democrática revolucionaria del proletariado y del campesinado tiene, como todo en el mundo, su pasado y su porvenir. Son su pasado la autocracia, el régimen feudal, la monarquía, los privilegios [...]. Son su porvenir la lucha contra la propiedad privada, la lucha del obrero asalariado contra el patrono, la lucha por el socialismo...

El error del camarada Kámenev consiste en que incluso en 1917 ve sólo el *pasado* de la dictadura democrática revolucionaria del proletariado y el campesinado. En realidad, su *futuro* ha comenzado ya, pues *en la práctica* los intereses y la política del obrero y del pequeño propietario ya se han dife-

---

[13] En 1907 la Editorial Zernó, dirigida por M. Kedrov, encaró la publicación de *En doce años,* recopilación en tres volúmenes de los trabajos de Lenin *[N. del Ed.].*

renciado, incluso en problema tan importante corno el del «defensismo», el de la actitud hacia la guerra imperialista.

Aquí llegamos al segundo error en el juicio del camarada Kámenev, antes citado. Me critica diciendo que mi esquema «confía» en la «inmediata transformación de esta revolución (democraticoburguesa) en una revolución socialista».

Esto no es correcto. Yo no sólo no «confío» en la «inmediata transformación» de nuestra revolución en una revolución *socialista,* sino que, en realidad, prevengo contra ello, cuando en la tesis número 8 declaro: «Nuestra tarea *inmediata* no es la "introducción" del socialismo…»[14].

¿No está claro que nadie que confíe en la inmediata transformación de nuestra revolución en socialista puede oponerse a la introducción del socialismo como tarea inmediata?

Más aún, incluso un «Estado-comuna» (es decir, un Estado organizado según el tipo de la Comuna de París), *no se puede* implantar «inmediatamente» en Rusia, porque para ello sería necesario que la *mayoría* de los diputados en todos los soviets (o en la mayor parte de ellos) reconociese claramente lo erróneas y perjudiciales que son la táctica y la política de los socialistas revolucionarios, Chjeídze, Tsereteli, Steklov, etc. En cuanto a mí, he declarado de forma inequívoca que en este aspecto sólo «confío» en un «paciente» esclarecimiento (¿se debe ser paciente para producir un cambio que puede lograrse «inmediatamente»?).

El camarada Kámenev se ha excedido un tanto en su «impaciencia» y ha repetido el prejuicio burgués que achaca a la Comuna de París el haber querido implantar el socialismo «inmediatamente». No es así. La Comuna, por desgracia, se demoró demasiado en implantar el socialismo. La verdadera esencia de la Comuna no está donde la suelen

---

[14] Véase el presente volumen, p. 11 *[N. del Ed.].*

buscar los burgueses, sino en la creación de un tipo especial de *Estado.* ¡Y ese Estado *ya* ha surgido en Rusia: son los soviets de diputados obreros y soldados!

El camarada Kámenev no ha meditado en el *hecho* de la *existencia* de los soviets, su significado y su identidad, en lo que se refiere a su tipo y su carácter político y social, con el Estado de la Comuna y en lugar de estudiar el *hecho,* se ha puesto a hablar de algo en lo que se supone que yo «confío» para un futuro «inmediato». Por desgracia, el resultado es una repetición de los métodos empleados por muchos burgueses: de la cuestión de *qué* son los soviets, de si son de un tipo superior que la república parlamentaria, de si son más beneficiosos para el pueblo, *más democráticos, más convenientes* para luchar, por ejemplo, contra la escasez de cereales, etc., de esta cuestión real, urgente, vital se desvía la atención hacia la cuestión vacía, seudocientífica, pero en realidad superficial, académicamente muerta, de «confiar en una transformación inmediata».

Una cuestión ociosa, falsamente planteada. Yo *sólo* «confío» en esto, *exclusivamente* en esto: en que los obreros, soldados y campesinos resolverán mejor que los funcionarios, mejor que la policía, los difíciles problemas *prácticos* del aumento de la producción de cereales, de su mejor distribución, de un mejor abastecimiento de los soldados, etcétera.

Estoy profundamente convencido de que los soviets convertirán en una realidad, más deprisa y con mayor eficacia que la república parlamentaria, la actividad independiente de las *masas populares* (en otra parte haré una comparación más detallada de ambos tipos de Estado). Los soviets resolverán con mayor eficacia, con mayor sentido práctico y más correctamente, qué *pasos* pueden darse hacia el socialismo y cómo deben darse esos pasos. El control de un banco, la fusión de todos los bancos en uno, no es aún socialismo, pero es *un paso hacia* el socialismo. Estos pasos los están dando hoy en Alemania los junkers y la burguesía contra el pueblo. Mañana, el soviet estará en condiciones de dar estos pasos con mayor eficacia en beneficio del pueblo, si tiene en sus manos todo el poder.

¿Qué obliga a tales pasos?

El hambre. La desorganización de la economía. La ruina inminente. Los horrores de la guerra. Los horrores de las heridas infligidas por la guerra a la humanidad.

El camarada Kámenev termina su artículo con la observación de que «confía en una amplia discusión, defender su punto de vista, el único posible para la socialdemocracia revolucionaria, si es que esta quiere seguir siendo hasta el fin, y debe seguir siéndolo, el partido de las masas revolucionarias del proletariado y no convertirse en un grupo de propagandistas comunistas».

Me parece que estas palabras revelan una apreciación completamente equivocada de la situación. El camarada Kámenev contrapone al «partido de masas» un «grupo de propagandistas». Pero las «masas» han sucumbido hoy a la locura del defensismo «revolucionario». ¿No es más correcto que los internacionalistas en este momento demuestren que ellos pueden resistir la embriaguez «colectiva», que «querer permanecer» con las masas, es decir, sucumbir a la epidemia general? ¿Acaso no hemos visto cómo, en todos los países beligerantes de Europa, los chovinistas han tratado de justificarse aduciendo que deseaban «permanecer con las masas»? ¿Acaso no debemos saber estar en minoría durante cierto tiempo contra la embriaguez «colectiva»? ¿No es acaso, en este momento, el trabajo de los propagandistas lo que constituye la clave para *desembarazar* la línea proletaria de la embriaguez «colectiva» defensista y pequeñoburguesa? Fue esta fusión de las masas, proletarias y no proletarias, independientemente de las diferencias de clase dentro de las masas, la que constituyó una de las condiciones que hicieron posible la epidemia defensista. Hablar despectivamente de un «grupo de propagandistas» que vindican una línea *proletaria,* no parece ser muy apropiado.

Las tareas del proletariado en nuestra revolución. Proyecto de plataforma del partido proletario

El momento histórico por el que Rusia atraviesa se caracteriza por los siguientes rasgos fundamentales:

El caracter de clase de la revolución que ha tenido lugar

1. El antiguo poder zarista, que sólo representaba a un puñado de terratenientes feudales que dirigían toda la maquinaria del Estado (el ejército, la policía y la burocracia), ha sido derrocado y destituido, pero no ha sido completamente destruido. La monarquía no ha sido formalmente abolida; la banda de los Románov continúa incubando intrigas monárquicas. Los inmensos latifundios de los señores feudales no han sido eliminados.

2. El poder en Rusia ha pasado a manos de una nueva *clase:* la burguesía y los terratenientes que se han convertido en burgueses. *En ese sentido,* la revolución democraticoburguesa, en Rusia, ha culminado.

Una vez en el poder, la burguesía formó un bloque (una alianza) con los monárquicos declarados, famosos por su apoyo excepcionalmente fervoroso a Nicolás el Sanguinario y a Stolipin el Verdugo en 1906-1914 (Guchkov y otros políticos que están a la derecha de los kadetes)[1]. El nuevo gobierno burgués de Lvov y Cía. ha intentado negociar y ha comenzado a negociar con los Románov la restauración de la monarquía en Rusia. Detrás de una pantalla de frases revolucionarias, este gobierno designa en puestos clave a partidarios del Antiguo Régimen. Se esfuerza por reformar al mínimo todo el aparato del Estado (el ejército, la policía y la burocracia), y lo ha entregado a la burguesía. El nuevo gobierno ha empezado ya a poner toda suerte de obstáculos a la iniciativa revolucionaria de la acción de masas y a la toma del poder por el pueblo *desde abajo, única* garantía del verdadero éxito de la revolución.

---

[1] *Kadetes:* miembros del Partido Demócrata Constitucionalista, el principal partido de la burguesía imperialista rusa. Se fundó en octubre de 1905; lo integraban representantes de la burguesía monárquico-liberal, colaboradores de los zemstvos de extracción terrateniente e intelectuales burgueses, que se escudaban tras falsas frases «democráticas» destinadas a atraerse al campesinado. Fueron dirigentes destacados del partido P. Moloukov, S. Múromtsev, V. Maklákov, A. Shingariov, P. Struve, F. Ródichev y otros. Para engañar a las masas trabajadoras habían adoptado el nombre de «partido de la libertad popular», pero en la práctica se limitaban a exigir una monarquía constitucional. Los kadetes eran partidarios de la conservación del régimen monárquico y consideraban que la lucha contra el movimiento revolucionario constituía el objetivo principal de su partido. Aspiraban a compartir el poder con el zar y los terratenientes feudales. Durante la Primera Guerra Mundial, apoyaron activamente la agresiva política exterior del gobierno zarista. Durante la Revolución democráticoburguesa de Febrero, intentaron salvar a la monarquía: desde el Gobierno Provisional llevaron a cabo una política antipopular y contrarrevolucionaria, útil a los imperialistas anglo-franco-norteamericanos. Después de la victoria de la Revolución socialista de Octubre, actuaron como enemigos acérrimos del poder soviético: participaron en todas las acciones armadas contrarrevolucionarias y campañas de los intervencionistas. Desde la emigración, luego de la derrota de los intervencionistas y los guardias blancos, prosiguieron su actividad antisoviética y contrarrevolucionaria *[N. del Ed.]*.

Hasta hoy, este gobierno ni siquiera ha fijado fecha para la celebración de la Asamblea Constituyente. No pone ni un dedo en los latifundios, que son la base material del zarismo feudal. Este gobierno ni siquiera contempla la posibilidad de investigar las actividades de las organizaciones financieras, monopolistas, de los grandes bancos, de las corporaciones y los cárteles de los capitalistas, etc., en hacer públicas dichas actividades o en controlarlas.

Las posiciones clave, los cargos ministeriales decisivos en el nuevo gobierno (el Ministerio del Interior y el Ministerio de Guerra, es decir, el gobierno del ejército, de la policía, de la burocracia, de todo el aparato de opresión popular) se hallan en manos de reconocidos monárquicos y partidarios de la gran propiedad terrateniente. A los kadetes, esos antiguos republicanos, republicanos contra su voluntad, se les ha asignado cargos de menor importancia, que no guardan relación directa ni con el gobierno del pueblo ni con el aparato del poder. A. Kérenski, un trudovique[2] y «seudosocia-

---

[2] *Trudoviques,* miembros del «Grupo del Trabajo». Grupo de demócratas pequeñoburgueses en las dumas del Estado, formado por campesinos e intelectuales de tendencia populista. La fracción se constituyó en abril de 1906 con los diputados campesinos de la I Duma del Estado. Los trudoviques reivindicaban la abolición de todas las restricciones estamentales y nacionales, la democratización de las administraciones autónomas de los zemstvos y los municipios y el sufragio universal en las elecciones a la Duma del Estado. Su programa agrario se basaba en los principios populistas del usufructo igualitario de la tierra: formación de un fondo de todo el pueblo con las tierras del fisco, de la corona, de los ministerios y de los monasterios, así como la de los propietarios privados si sus fincas rebasaban la norma laboral establecida. Proponía una indemnización por las tierras de propiedad privada enajenadas. Lenin señaló en 1908: el trudovique típico es el campesino que «no se opone a concertar un acuerdo con la monarquía, a sentirse satisfecho con su propio pedazo de tierra dentro del marco del régimen burgués. No obstante, en el mo-

lista» no tiene función alguna, excepto adormecer con frases sonoras la vigilancia y la atención del pueblo.

Por todas estas razones, el nuevo gobierno burgués no merece, ni aun en el ámbito de la política interior, la confianza del proletariado, y es inadmisible que el proletariado le preste el menor apoyo.

La política exterior del nuevo gobierno

3. En el terreno de la política exterior, que las circunstancias objetivas han puesto hoy en primer plano, el nuevo gobierno es un gobierno que está por la continuación de la guerra imperialista, guerra que se hace en alianza con las potencias imperialistas, con Inglaterra, Francia, etc., por el reparto del botín capitalista y el sometimiento de naciones pequeñas y débiles.

Subordinado a los intereses del capitalismo ruso y a los de su poderoso amo y protector, el capital imperialista anglo-francés, el más rico del mundo, el nuevo gobierno, a pesar de los deseos manifestados de forma decidida por el

---

mento actual empeña sus mayores esfuerzos en la lucha contra los terratenientes por la tierra en la lucha contra el Estado feudal por la democracia» (véase V. I. Lenin, *op. cit.,* t. XI, «Tentativa de clasificar los partidos políticos rusos»). En la Duma del Estado, los trudoviques vacilaban entre los kadetes y los bolcheviques, actitud que se debía a la propia naturaleza de clase de los pequeños propietarios, los campesinos. Dado que pese a todo representaban a las masas campesinas, los bolcheviques aplicaron en la Duma la táctica de acuerdos con ellos respecto de problemas determinados de la lucha general contra los kadetes y la autocracia zarista. En 1917 el «Grupo del Trabajo» se fusionó con el Partido Socialista Popular y apoyó activamente al Gobierno Provisional. Después de la Revolución de Octubre actuaron del lado de la contrarrevolución burguesa *[N. del Ed.].*

soviet de diputados soldados y obreros en nombre de la innegable mayoría de los pueblos de Rusia, no ha dado ningún paso efectivo para poner fin a la matanza de pueblos en aras de los intereses de los capitalistas. Ni siquiera ha hecho públicos los tratados secretos, de carácter manifiestamente rapaz (para el reparto de Persia, el saqueo de China, el saqueo de Turquía, el reparto de Austria, la anexión de la Prusia Oriental, la anexión de las colonias alemanas, etc.), que, como todo el mundo sabe, atan a Rusia al rapaz capital imperialista anglo-francés. Ha *ratificado* esos tratados concluidos por el zarismo, que durante siglos saqueó y oprimió a más naciones que todos los demás déspotas y tiranos; y que no sólo oprimió al pueblo gran ruso, sino que lo deshonró y corrompió, al convertirlo en verdugo de otros pueblos.

El nuevo gobierno ha ratificado esos tratados vergonzosos y rapaces y, a pesar del reclamo de la mayoría de los pueblos de Rusia, expresado claramente a través de los soviets de diputados obreros y soldados, no ha propuesto un armisticio inmediato a todas las naciones beligerantes. Ha eludido el problema con declaraciones y frases solemnes, sonoras y pomposas, pero completamente vacías, que, en boca de los diplomáticos burgueses, siempre han servido, y aún sirven, para engañar a las ingenuas y crédulas masas del pueblo oprimido.

4. Por consiguiente, el nuevo gobierno no sólo no merece la más mínima confianza en el terreno de la política exterior, sino que el seguir exigiéndole que proclame el deseo de paz de los pueblos de Rusia, que renuncie a las anexiones, etc., no es, en la práctica, más que engañar al pueblo, alentarlo con falsas esperanzas, y retrasar el esclarecimiento de su conciencia. Es hacerle aceptar indirectamente la continuación de una guerra cuyo verdadero carácter social está determinado no por piadosos deseos, sino por el carácter de

clase del gobierno que hace la guerra, por las vinculaciones entre la clase representada por ese gobierno y el capital financiero imperialista de Rusia, Inglaterra, Francia, etc., *por la política real y verdadera* que sigue esa clase.

El carácter original del doble poder y su significación de clase

5. El rasgo esencial de nuestra revolución, el rasgo que requiere más imperiosamente una profunda consideración, es el *doble poder* que surge ya en los primeros días posteriores al triunfo de la revolución.

Este doble poder se manifiesta en la existencia de *dos* gobiernos: uno es el gobierno principal, el verdadero, el real gobierno de la burguesía, el «Gobierno Provisional» de Lvov y Cía., que tiene en sus manos todos los resortes del poder; el otro es un gobierno suplementario y paralelo, un gobierno de «control» encarnado por el Soviet de diputados obreros y soldados de Petrogrado, que no tiene en sus manos ningún resorte del poder, pero que descansa directamente en el apoyo de la mayoría indiscutible y absoluta del pueblo, en los obreros y soldados armados.

El origen de clase y la significación de clase de este doble poder son los siguientes: la revolución rusa de marzo de 1917 no sólo arrolló toda la monarquía zarista, no sólo entregó el poder íntegro a la burguesía, sino que *se acercó mucho* a la dictadura democrática revolucionaria del proletariado y del campesinado. El Soviet de Petrogrado y los demás, los locales, representan precisamente esa dictadura (es decir, un poder que no se apoya en la ley, sino directamente en la fuerza de las masas armadas de la población), una dictadura precisamente de las clases antes mencionadas.

6. El segundo rasgo sumamente importante de la revolución rusa consiste en el hecho de que el Soviet de diputados soldados y obreros de Petrogrado, que, como está demostrado, goza de la confianza de la mayoría de los soviets locales, entrega *voluntariamente* el poder a la burguesía y a *su* Gobierno Provisional, le *cede* voluntariamente la supremacía, habiendo llegado al acuerdo de apoyarlo, y limita su propio papel al de observador, de supervisor de la convocación de la Asamblea Constituyente (cuya fecha el Gobierno Provisional ni siquiera ha anunciado todavía).

Este rasgo extraordinario, sin precedente en la historia, ha conducido al *entrelazamiento de dos* dictaduras: la dictadura de la burguesía (pues el gobierno de Lvov y Cía. es una dictadura, es decir, un poder basado no en la ley, no en la voluntad previamente expresada del pueblo, sino en la toma del poder por la fuerza, realizada por una clase determinada: la burguesía) y la dictadura del proletariado y del campesinado (el soviet de diputados obreros y soldados).

No cabe la menor duda de que tal «entrelazamiento» *no puede* durar mucho. En un mismo Estado *no pueden* existir dos poderes. Uno de ellos está destinado a desaparecer, y toda la burguesía rusa está ya, en todas partes, haciendo todos los esfuerzos posibles por eliminar y debilitar a los soviets, por reducirlos a la nada y por establecer el poder exclusivo de la burguesía.

El doble poder expresa simplemente una fase transitoria en el desarrollo de la revolución cuando esta ha llegado más allá de una revolución democraticoburguesa corriente, *pero no ha llegado* todavía a una dictadura «pura» del proletariado y el campesinado.

La significación de clase (y la explicación de clase) de esta situación transitoria e inestable es la siguiente: nuestra revolución, como todas las revoluciones, exigió del pueblo el mayor heroísmo y abnegación en la lucha contra el zarismo, también *incorporó al movimiento*, inmediatamente, a un número incalculable de ciudadanos corrientes.

Desde el punto de vista de la ciencia y la política práctica, uno de los principales síntomas de *toda* verdadera revolución es el aumento extraordinariamente rápido, brusco y repentino del número de «ciudadanos corrientes» que comienzan a participar activa, independiente y eficazmente en la vida política y en la *organización del Estado*.

Así ocurre en Rusia. Rusia está hoy en efervescencia. Millones y millones de personas, que durante diez años estuvieron políticamente aletargadas, y políticamente aplastadas por la opresión espantosa del zarismo y por el trabajo inhumano al servicio de los terratenientes y los capitalistas, *han despertado* y *sienten avidez* por la política. ¿Y quiénes son esos millones y millones de personas? Son, en su mayoría, pequeños propietarios, pequeños burgueses, gente que ocupa un lugar intermedio entre los capitalistas y los trabajadores asalariados. Rusia es el más pequeñoburgués de todos los países europeos.

Una gigantesca ola pequeñoburguesa lo ha inundado todo y ha arrollado al proletariado con conciencia de clase, no sólo por la fuerza del número, sino también ideológicamente; es decir, ha contagiado a amplios sectores obreros y les ha infundido sus concepciones políticas pequeñoburguesas.

En la vida real, la pequeña burguesía depende de la burguesía; porque su vida es la de un patrón, y no la de un proletario (desde el punto de vista del *lugar* que ocupa en la *producción* social), y en su forma de pensar sigue a la burguesía.

Una actitud de fe irracional en los capitalistas, los peores enemigos de la paz y el socialismo, caracteriza la política de las *masas* en Rusia en el momento actual; ese es el fruto que ha *crecido* con rapidez revolucionaria en el terreno económico y social del más pequeñoburgués de todos los países europeos. Esta es la base de clase para el «acuerdo» entre el Gobierno Provisional y el Soviet de diputados obreros y soldados (subrayo que no me refiero tanto al acuerdo formal como al apoyo *efectivo,* al acuerdo tácito, a la entrega del poder animados por una fe irracional), acuerdo que le ha valido a Guchkov la mejor presa –el poder real– y al soviet simples promesas y honores (por el momento), lisonjas, frases, seguridades y reverencias, y migajas de los Kérenski.

Por el otro lado, tenemos la debilidad numérica del proletariado en Rusia, su insuficiente conciencia de clase y organización.

Todos los partidos populistas, incluyendo a los socialistas revolucionarios, siempre han sido pequeñoburgueses. Lo mismo puede decirse del partido del Comité de Organización (Chjeídze, Tsereteli, etc.); los revolucionarios apartidistas (Steklov y otros) igualmente se han dejado arrastrar por la corriente o no han sabido resistirla, no han tenido tiempo de hacerlo.

El carácter peculiar de la táctica
que se deriva de lo expuesto

7. Para el marxista, que debe tener en cuenta los hechos objetivos, las masas y las clases, y no los individuos, etc., el carácter peculiar de la situación actual, más arriba señalado, debe determinar el carácter peculiar de la táctica para el momento *presente.*

Esta peculiaridad de la situación exige, en primer lugar, que «se derrame hiel y vinagre en el agua dulce de la fraseología democrático revolucionaria» (como tan atinadamente expresó en la sesión de ayer del Congreso de ferroviarios de toda Rusia reunido en Petrogrado, Teodoróvich, mi compañero en el Comité Central de nuestro partido)[3]. El nuestro debe ser un trabajo de crítica, de *esclarecimiento* de los errores de los partidos pequeñoburgueses socialista revolucionario y socialdemócratas; de preparación y unificación de los elementos de un partido comunista *conscientemente* proletario, y de *curación* del proletariado de la embriaguez pequeñoburguesa «general».

En apariencia, esto es «sólo» trabajo de propaganda. Pero, en realidad, es una labor *revolucionaria* sumamente *práctica,* porque no puede progresar una revolución, que se ha estancado, que se ha atascado con frases y «marca el paso» *no por causa* de obstáculos externos, no *por causa de la violencia* de la burguesía (por el momento, Guchkov sólo amenaza con emplear la violencia contra la masa de soldados), sino *por causa* de la fe irracional del pueblo.

Sólo venciendo esa fe irracional (y podemos y debemos vencerla sólo ideológicamente, mediante la persuasión fraternal, recurriendo a las *lecciones de la experiencia*) podremos li-

---

[3] La Conferencia de empleados y obreros ferroviarios de toda Rusia se realizó en Petrogrado desde el 6 hasta el 20 de abril (del 19 de abril al 3 de mayo) de 1917. Asistieron 220 delegados. Durante su labor funcionaron cinco comisiones (de trabajo, estatutos, para regularizar el transporte, de la milicia y para convocar el congreso de toda Rusia que organizaría el sindicato). La conferencia estaba dirigida por los partidos conciliadores y adoptó una posición defensista, declarando su total apoyo al Gobierno Provisional burgués.

M. L Kalinin presentó el saludo del CC del POSDR: I. A. Teodoróvich habló en la reunión del 8 (21) de abril, después del discurso de A. F. Kérenski y de N. V. Nekrásov, ministro de Comunicaciones «sembrando cierto descontento en el espíritu general de Conferencia» (*Edinstvo* 9, del 9 de abril de l917). La conferencia eligió el Comité Ejecutivo y aprobó resoluciones sobre cuestiones políticas y problemas prácticos para mejorar el transporte ferroviario *[N. del Ed.].*

berarnos de la *orgía de fraseología revolucionaria* reinante y estimular realmente la conciencia, tanto del proletariado como de las masas en general, así como su audaz y resuelta iniciativa *en las localidades:* la realización independiente, el desarrollo y la consolidación de las libertades, de la democracia y del principio de la propiedad popular de toda la tierra.

8. La experiencia mundial de los gobiernos burgueses terratenientes ha desarrollado *dos* métodos para someter al pueblo. El primero es la violencia. Nicolás Románov I, apodado Nicolás del Gran Garrote, y Nicolás II, el Sanguinario, demostraron al pueblo ruso el máximo de lo que puede y no puede hacerse en cuanto a estas prácticas de verdugos. Pero hay otro método mejor desarrollado por la burguesía inglesa y la francesa, que «aprendieron la lección» en una serie de grandes revoluciones y movimientos revolucionarios de masas. Es el método del engaño, de la adulación, de las lindas frases, de las innumerables promesas, de las limosnas insignificantes, y de conceder lo que no es esencial para conservar lo esencial.

El rasgo peculiar de la situación actual en Rusia es el paso vertiginoso del primer método al segundo, de la opresión violenta del pueblo *a adular* y engañar al pueblo con promesas. El gato Vaska escucha, y sigue comiendo[4]. Miliukov y Guchkov detentan el poder, protegen los beneficios de los capitalistas, hacen una guerra imperialista en interés del capital ruso y anglo-francés y tratan de escabullirse con promesas, declamaciones y ampulosas declaraciones en respuesta a los discursos de «cocineros» como Chjeídze, Tsereteli y Steklov, que amenazan, exhortan, ruegan, imploran,

---

[4] Se refiere a la fábula de I. Krylov, *El gato y el cocinero*. Lenin emplea la expresión para significar que unos hablan y otros no prestan atención [N. del Ed.].

exigen y proclaman... el gato Vaska escucha, y sigue comiendo.

Pero cada día que pase, la confiada falta de razonamiento y la fe irracional irán desvaneciéndose, sobre todo entre los proletarios y los campesinos *pobres,* a quienes la experiencia (debido a su situación economicosocial) enseña a desconfiar de los capitalistas.

Los dirigentes de la pequeña burguesía «deben» enseñar al pueblo a confiar en la burguesía. Los proletarios deben enseñar al pueblo a desconfiar de la burguesía.

El defensismo revolucionario y su significación de clase

9. El *defensismo revolucionario* debe ser considerado como la manifestación más importante, más notable de la ola pequeñoburguesa que ha barrido «casi todo». Es el peor enemigo del avance y el triunfo futuros de la revolución rusa.

Quien haya cedido en este punto y no haya sabido zafarse está perdido para la revolución. Pero las masas ceden de manera diferente que los dirigentes y se zafan *de manera diferente,* siguiendo otro proceso de desarrollo, mediante otros medios.

El defensismo revolucionario es, por una parte, el resultado del engaño de las masas por la burguesía, el resultado de la confiada falta de razonamiento por parte de los campesinos y de un sector de obreros; es, por otra, expresión de los intereses y de la mentalidad del pequeño propietario, interesado hasta cierto punto en las anexiones y en los beneficios bancarios, y para quien son «sagradas» las tradiciones del zarismo, que corrompió a los grandes rusos al hacerlos actuar como verdugos de otros pueblos.

La burguesía engaña al pueblo especulando con el noble orgullo de este por la revolución y alegando falsamente que el carácter *social* y *político* de la guerra, en cuanto a Rusia, ha sufrido un cambio, por causa de esta etapa de la revolución, por causa del reemplazo de la monarquía zarista por la casi república de Guchkov y Miliukov. Y el pueblo lo creyó –por un momento–, gracias, en gran medida, a los viejos prejuicios que le hacían considerar a los demás pueblos de Rusia, es decir, a los no grandes rusos, como una especie de propiedad o feudo de los grandes rusos. Esa infame corrupción del pueblo gran ruso por el zarismo, que le enseñó a mirar a los demás pueblos como algo inferior, algo perteneciente a la gran Rusia «por derecho propio», no podía desaparecer *de golpe.*

Lo que se requiere de nosotros es *capacidad* para explicar a las masas que el carácter político y social de la guerra no lo determina la «buena voluntad» de personas o grupos, o incluso de naciones, sino la posición de la *clase* que hace la guerra, la *política* de clase, de la cual la guerra es continuación; los *vínculos* del capital, que es la fuerza económica dominante de la sociedad moderna, el *carácter imperialista* del capital internacional, la dependencia financiera, bancaria y diplomática de Rusia con respecto a Inglaterra y Francia, etc. Explicar esto de manera asequible para que lo entienda el pueblo *no es fácil,* y ninguno de nosotros podría hacerlo de buenas a primeras sin cometer errores.

Pero este, y sólo este, debe ser el objetivo o, mejor dicho, el contenido de nuestra propaganda. La más insignificante concesión al defensismo revolucionario es una *traición al socialismo,* es la renuncia total al *internacionalismo,* no importa con qué hermosas frases y consideraciones «prácticas» se lo pueda justificar.

La consigna «¡Abajo la guerra!» es naturalmente justa, pero no tiene en cuenta el carácter específico de las tareas del momento y la necesidad de *llegar* a las grandes masas de un modo diferente. Me recuerda la consigna «¡Abajo el zar!», con la que los agitadores inexpertos de los «buenos tiempos pasados» se lanzaban simple y directamente al campo, y volvían escaldados. La masa de quienes creen en el defensismo revolucionario es *honesta* no en un sentido personal, sino de clase, es decir, pertenece *a clases* (obreros y campesinos pobres) que *en realidad* nada pueden ganar con las anexiones y el sometimiento de otros pueblos. No se parece en nada a la fraternidad de los burgueses y los «intelectuales», que saben muy bien que *no es posible* renunciar a las anexiones sin renunciar a la dominación del capital, y que sin escrúpulos engañan a las masas con hermosas frases, con promesas sin límite y seguridades sin fin.

Las masas que creen en el defensismo consideran el asunto de forma sencilla, como el hombre de la calle: «No quiero anexiones, pero los alemanes *me* "atacan"; por consiguiente, defiendo una causa justa, no intereses imperialistas». A gente como esta hay que explicarle una y otra vez que no se trata de sus deseos personales, sino de relaciones y condiciones políticas, de masa, de *clase,* de la relación de la guerra con los intereses del capital y la red internacional de bancos, etc. Sólo tal lucha contra el defensismo puede ser seria y prometer éxitos, quizá no éxitos muy rápidos, pero seguros y duraderos.

¿Cómo se puede poner fin a la guerra?

10. A la guerra no se le puede poner fin «a voluntad». No se le puede poner fin por decisión de uno de los beligerantes. No se le puede poner fin «clavando la bayoneta en tierra», como decía un soldado defensista.

A la guerra no se le puede poner fin mediante un «acuerdo» entre los socialistas de diferentes países, mediante la «acción» de los proletarios de todos los países, por «voluntad» de los pueblos, etc. Todas las frases de este carácter, que llenan los artículos de los periódicos defensistas, semidefensistas y seminternacionalistas, así como innumerables resoluciones, proclamas, manifiestos y las resoluciones del soviet de diputados soldados y obreros, no son más que la expresión de vanos, inocentes y piadosos deseos de pequeños burgueses. No hay nada más perjudicial que frases como «exteriorizar la voluntad de paz de los pueblos», como la sucesión de acciones revolucionarias del proletariado (después del proletariado ruso, le toca el turno al alemán), etc. Todo eso es blanquismo, acariciar sueños, jugar a «campañas políticas», y, en realidad, sólo la repetición de la fábula del gato Vaska.

La guerra no es producto de la perversidad de capitalistas, aunque *sólo* se libre, indudablemente, en su interés y sólo ellos se enriquezcan con ella. La guerra es producto de medio siglo de desarrollo del capitalismo mundial, y de sus miles de millones de vínculos y relaciones. Es *imposible* zafarse de la guerra imperialista, y lograr una paz democrática, no coercitiva, sin derrocar el poder del capital y sin transferir el poder político a *otra* clase, al proletariado.

Con la revolución rusa de febrero-marzo de 1917, la guerra imperialista comenzó a transformarse en guerra civil. Esta revolución dio el *primer* paso hacia la finalización de la guerra. Pero se requiere un *segundo* paso, a saber: que el poder político pase a manos del proletariado para *asegurar* la finalización de la guerra. Ello será el comienzo de una «ruptura» mundial, de una ruptura en el frente de los intereses capitalistas, y sólo rompiendo *ese* frente, el proletariado puede salvar a la humanidad de los horrores de la guerra y ofrecerle los beneficios de la paz.

Y al crear los soviets de diputados obreros, la revolución rusa ha llevado *ya* al proletariado de Rusia al umbral de esa «ruptura» en el frente del capitalismo.

Un nuevo tipo de estado surge de nuestra revolución

11. No se comprende a los soviets de diputados obreros, soldados, campesinos, etc., no sólo en el sentido de que la mayoría no tiene una idea clara de su significación de clase y de su papel en la revolución rusa. Tampoco se los comprende en el sentido de que ellos constituyen una nueva forma, mejor dicho, un nuevo tipo de Estado.

El tipo más perfecto, más avanzado de Estado burgués es la *república democrática parlamentaria:* el poder se confiere al parlamento; la maquinaria del Estado, el aparato y los organismos de administración son los usuales: el ejército regular, la policía y la burocracia, que en la práctica es inamovible, goza de una situación privilegiada, y está por encima del pueblo.

Sin embargo, a partir de finales del siglo xix, las épocas revolucionarias anticiparon un tipo superior de Estado democrático, un Estado que, en ciertos aspectos, como dijo Engels, deja de ser un Estado, «ya no es un Estado en el sentido propio de la palabra»[5]. Se trata de un Estado del tipo de la Comuna de París, un Estado en el que el ejército regular y la policía, divorciados del pueblo, son *reemplazados* por el armamento directo del pueblo mismo. *Este rasgo* es lo que constituye la verdadera esencia de la Comuna, que ha sido tan falseada y calumniada por los escritores burgue-

---

[5] Véase K. Marx y F. Engels, *Correspondencia,* Buenos Aires, Cartago, 1959, pp. 223-230 *[N. del Ed.]*.

ses, y a la que, entre otras cosas, se le atribuyó, erróneamente, la intención de «implantar» inmediatamente el socialismo.

Ese es el tipo de Estado que la revolución rusa *comenzó* a crear en 1905 y en 1917; una república de soviets de diputados obreros, soldados, campesinos, etc., unidos en una Asamblea Constituyente de toda Rusia de representantes del pueblo, o en un consejo de soviets, etc.: he aquí lo que *se está realizando* ahora en nuestro país, en este mismo momento. Se ha realizado por iniciativa de los millones de habitantes del país, que crean una democracia propia, *a su manera,* sin esperar hasta que los señores profesores kadetes elaboren sus proyectos de ley para una república parlamentaria burguesa; ni hasta que los pedantes y rutinarios de la «socialdemocracia» pequeñoburguesa, como Plejánov o Kautsky, dejen de tergiversar las enseñanzas marxistas sobre el Estado.

El marxismo se distingue del anarquismo en que reconoce la *necesidad* de un Estado y de un poder político durante el periodo revolucionario, en general, y en el periodo de transición del capitalismo al socialismo, en particular.

El marxismo se distingue del «socialdemocratismo» pequeñoburgués y oportunista de los señores Plejánov, Kautsky y Cía. en que entiende que el Estado que se requiere para esos dos periodos *no es* un Estado de tipo republicano parlamentario burgués corriente, sino un Estado del tipo de la Comuna de París.

Las diferencias principales entre un Estado del tipo de este último y el antiguo Estado consisten en lo siguiente:

Es muy fácil (como la historia demuestra) volver de una república parlamentaria burguesa a una monarquía, ya que todo el aparato de opresión, el ejército, la policía y la burocracia, queda intacto. La Comuna y los soviets *destruyen* ese aparato y lo eliminan.

La república parlamentaria burguesa dificulta y asfixia la vida política independiente de las masas, su participación directa en la organización *democrática* de toda la vida del Estado, de abajo arriba. Lo contrario sucede con los soviets.

Estos últimos reproducen el tipo de Estado desarrollado por la Comuna de París y que Marx describió como «la forma política, al fin descubierta, bajo la cual puede realizarse la emancipación económica de los trabajadores»[6]. Se nos suele decir que el pueblo ruso no está todavía preparado para «implantar» la comuna. Ese era el argumento de los propietarios de siervos cuando sostenían que los campesinos no estaban todavía preparados para la emancipación. La comuna, es decir, los soviets, no «implantan», no se proponen «implantar», y no deben implantar *ninguna* reforma que no haya alcanzado plena madurez, tanto en la realidad económica como en la conciencia de la aplastante mayoría del pueblo. Cuanto más profundos son el derrumbe económico y la crisis engendrada por la guerra, tanto más imperiosa es la necesidad de una forma política lo más perfecta posible, que *facilite* la curación de las terribles heridas infligidas por la guerra a la humanidad. Y cuanto menos experiencia tenga el pueblo ruso en lo que a organización se refiere, tanto más resueltamente debemos *impulsar* el desarrollo de la organización por el *pueblo mismo,* y no solamente por los políticos burgueses y los burócratas que se han «acomodado bien».

Cuanto más rápidamente nos desprendamos de los viejos prejuicios del seudomarxismo, del marxismo tergiversado por los señores Plejánov, Kautsky y Cía., cuanto más enérgicamente nos apliquemos a ayudar al pueblo a organizar in-

---

[6] K. Marx y F. Engels, *Obras escogidas, op. cit.,* «La guerra civil en Francia», pp. 325-334 *[N. del Ed.].*

mediatamente y en todas partes soviets de diputados obreros y campesinos, y los ayudemos a que asuman el control de toda la vida pública, cuanto más posterguen los señores Lvov y Cía. la celebración de la Asamblea Constituyente, tanto más fácil le será al pueblo (por medio de la Asamblea Constituyente o sin ella, si Lvov la posterga demasiado) decidirse en favor de una república de soviets de diputados obreros y campesinos. Al principio, serán inevitables los errores en esta nueva tarea de desarrollo de la organización por el pueblo mismo, pero es preferible cometer errores y avanzar, que *esperar* hasta que los profesores de leyes, convocados por el señor Lvov, elaboren sus leyes para la celebración de la Asamblea Constituyente, para la perpetuación de la república parlamentaria burguesa y para el estrangulamiento de los soviets de diputados obreros y campesinos.

Si nos organizamos y dirigimos nuestra propaganda diestramente, no sólo los proletarios, sino las nueve décimas partes de los campesinos se opondrán al restablecimiento de la policía, se opondrán a una burocracia inamovible y privilegiada y a un ejército divorciado del pueblo. Y en esto consiste, precisamente, el nuevo tipo de Estado.

12. El reemplazo de la policía por la milicia popular es una reforma que se desprende del curso íntegro de la revolución y que se está llevando actualmente a la práctica en la mayoría de las regiones de Rusia. Debemos explicar al pueblo que, en la mayoría de las revoluciones burguesas de tipo corriente, dicha reforma ha sido siempre de muy corta duración, y que la burguesía, incluso la más democrática y republicana, acabó restableciendo la vieja policía de tipo zarista, divorciada del pueblo, dirigida por la burguesía y capaz de oprimir al pueblo por todos los medios.

Sólo hay una forma de *impedir* el establecimiento de la policía: crear una milicia popular y fusionarla con el ejército (el ejército regular debe ser reemplazado por todo el pueblo armado). A esta milicia deberán pertenecer todos los ciudadanos y ciudadanas sin excepción, desde los quince hasta los sesenta y cinco años, límites de edad sugeridos sólo para señalar que no deben excluirse a los adolescentes y los viejos. Los capitalistas deberán pagar a sus obreros, criados, etc., el jornal de los días que destinen al servicio social en la milicia. Si las mujeres no participan de forma independiente, no sólo en la vida política en general, sino también en los servicios públicos cotidianos y generales, no se puede hablar, no ya de socialismo, sino ni siquiera de una democracia plena y estable. Y funciones de «policía», tales como el cuidado de los enfermos y de los niños abandonados, el control de los alimentos, etc., no serán cumplidas de manera satisfactoria mientras las mujeres no gocen de iguales derechos que los hombres, no de una manera nominal, sino efectiva.

Impedir el restablecimiento de la policía, aplicar las fuerzas organizadoras de todo el pueblo a la formación de una milicia popular: tales son las tareas que el proletariado debe llevar a las masas, a fin de salvaguardar, consolidar y desarrollar la revolución.

El programa agrario y el programa nacional

13. Por el momento, no podemos decir con seguridad si en un futuro próximo se desarrollará en el campo ruso una revolución agraria poderosa. No podemos saber cuán profunda es la diferenciación de clase entre los campesinos, acentuada indudablemente en los últimos tiempos, y que divide al campesinado en peones rurales, trabajadores asalariados y campesinos pobres («semiproletarios»), por una parte, y campesinos ricos y medios (capitalistas y pequeños

capitalistas), por la otra. Sólo la experiencia podrá resolver, y resolverá, estos problemas.

Como partido del proletariado, sin embargo, nosotros tenemos la obligación ineludible no solo de presentar sin demora un programa agrario, sino también de propiciar medidas prácticas de realización inmediata, *en interés* de la revolución agraria campesina de Rusia.

Debemos exigir la nacionalización de *toda* la tierra, es decir, que todas las tierras del país se conviertan en propiedad del poder central. Este poder deberá determinar la extensión, etc., de la reserva de tierras para colonización, promulgar leyes para la conservación de bosques, para el mejoramiento de tierras, etc., y prohibir absolutamente que ningún intermediario se interponga entre el propietario de la tierra, o sea, el Estado, y el usufructuario de ella, o sea, el agricultor (prohibición de todo subarrendamiento de tierra). Pero deben ser los *soviets* regionales y locales *de diputados campesinos* –y en ningún modo los burócratas, los funcionarios públicos– quienes *dispongan* entera y exclusivamente de la tierra y fijen las *reglamentaciones locales* que rijan su posesión y su usufructo.

A fin de mejorar la técnica del cultivo de cereales y aumentar la producción, y a fin de desarrollar una agricultura nacional en gran escala bajo el control público, debemos procurar, dentro de los comités de campesinos, asegurar que cada latifundio confiscado se transforme en una gran hacienda modelo, controlada por el *soviet de diputados peones rurales*.

A fin de contrarrestar la fraseología pequeñoburguesa y la política imperante entre los socialistas revolucionarios, principalmente el palabrerío ocioso sobre la norma de «consumo» o la norma de «trabajo», la «socialización de la tierra», etc., el partido del proletariado debe aclarar que la agricultura en pequeña escala, bajo la producción mercantil, *no puede* liberar a la humanidad de la miseria y la opresión.

Sin dividir necesariamente los soviets de diputados campesinos ahora, el partido del proletariado debe explicar que es necesario organizar soviets separados de diputados obreros agrícolas y soviets separados de diputados campesinos pobres (semiproletarios) o, por lo menos, realizar conferencias regulares separados de diputados pertenecientes *a esos sectores de clase,* en forma de grupos partidos separados dentro de los soviets generales de diputados campesinos. De otro modo, todos los discursos almibarados pequeñoburgueses de los populistas respecto de los campesinos en general, servirán de pantalla para engañar a la masa desposeída por los campesinos ricos, que son simplemente una variedad de *capitalistas.*

Para contrarrestar los sermones liberales burgueses o puramente burocráticos de muchos socialistas revolucionarios y soviets de diputados obreros y soldados, que aconsejan a los campesinos que no se apoderen de los latifundios y que no inicien la reforma agraria hasta que se reúna la Asamblea Constituyente, el partido del proletariado debe instar a los campesinos a que realicen enseguida y por su propia cuenta la reforma agraria y procedan, previa decisión de los diputados campesinos locales, a confiscar inmediatamente los latifundios. Al mismo tiempo, es muy importante insistir en la necesidad de *aumentar* la producción de víveres para los soldados en el frente y para las ciudades y en que es absolutamente inadmisible causar ningún daño o perjuicio al ganado, a los aperos de labranza, máquinas, edificios, etcétera.

14. En lo que se refiere a la cuestión nacional, el partido del proletariado debe, ante todo, defender la proclamación y la realización inmediata de la plena libertad de separarse de Rusia para todas las naciones y pueblos oprimidos por el

zarismo, o incluidos o retenidos por la fuerza dentro de las fronteras del Estado, es decir, anexados.

Todas las afirmaciones, declaraciones y manifiestos referentes a la renuncia a las anexiones que no vayan acompañados por la realización práctica de la libertad de separación no son más que mentiras burguesas para engañar al pueblo o piadosos deseos pequeñoburgueses. El partido del proletariado aspira a la creación de un Estado lo más grande posible, porque ello responde a los intereses de los trabajadores; aspira *al acercamiento* de las naciones y a su *unión posterior*. Pero quiere alcanzar ese objetivo no por la violencia, sino única y exclusivamente mediante una unión libre y fraternal de los obreros y de las masas trabajadoras de todas las naciones.

Cuanto más democrática sea la república rusa, cuanto con mayor éxito se organice en una república de soviets de diputados obreros y campesinos, tanto más poderosa será la fuerza que impulsará *voluntariamente* hacia esa república a las masas trabajadoras de *todas* las naciones.

Plena libertad de separación, la más amplia autonomía local (y nacional), bien elaboradas garantías de los derechos de las minorías nacionales: tal es el programa del proletariado revolucionario.

Nacionalización de los bancos y de los consorcios capitalistas

15. El partido del proletariado no puede, bajo ninguna circunstancia, proponerse el objetivo de «implantar» el socialismo en un país de pequeños campesinos, en tanto la inmensa mayoría de la población no haya adquirido conciencia de la necesidad de una revolución socialista.

Pero sólo los sofistas burgueses que se esconden detrás de expresiones «casi marxistas» pueden deducir de esta verdad una justificación de la política de postergar la aplicación de medidas revolucionarias urgentes, el momento para las cuales está completamente maduro; medidas a las que *han recurrido* frecuentemente *durante la guerra, varios Estados burgueses* y que son absolutamente indispensables para combatir la desorganización económica total y el hambre inminentes.

Medidas tales como la nacionalización de la tierra, de todos los bancos y consorcios capitalistas, o, por lo menos, la implantación *inmediata* de su *control* por los soviets de diputados obreros, etc. –medidas que de ningún modo significan la «implantación» del socialismo–, deben ser defendidas incondicionalmente y en lo posible realizadas por vía revolucionaria. Sin estas medidas, que sólo son pasos hacia el socialismo y que son perfectamente realizables desde el punto de vista económico, no será posible restañar las heridas causadas por la guerra, ni impedir la catástrofe inminente; y el partido del proletariado revolucionario no vacilará jamás en tocar los fabulosos beneficios de los capitalistas y banqueros, que se enriquecen con la guerra de una manera especialmente escandalosa.

La situación en la internacional socialista

16. Los deberes internacionales de la clase obrera de Rusia pasan precisamente ahora a primer plano con fuerza singular.

En estos días, solamente los holgazanes no juran ser internacionalistas. Hasta los defensistas chovinistas, hasta los señores Plejánov y Potrésov, hasta Kérenski, se autotitulan internacionalistas. Por consiguiente, es urgente deber del partido proletario contraponer, con claridad, precisión y nitidez absolutas el internacionalismo de hecho al internacionalismo de palabra.

Los simples llamamientos a los obreros de todos los países; las vacuas seguridades de fidelidad al internacionalismo; las tentativas de establecer, directa o indirectamente una «sucesión» de acciones del proletariado revolucionario en los diversos países beligerantes; los esfuerzos laboriosos por llegar a «acuerdos» entre los socialistas de los países beligerantes *sobre el problema* de la lucha revolucionaria; toda la alharaca sobre la convocación de congresos socialistas *con miras* a una campaña por la paz, etc.; todo esto, por sinceros que sean los autores de esas ideas, tentativas y planes, se reduce, por lo que se refiere a su significación objetiva, a pura fraseología o, en el *mejor* de los casos, son piadosos e inocentes deseos que sólo sirven para ocultar el *engaño* a las masas por parte de los chovinistas. Los socialchovinistas *franceses,* que son los más diestros y avezados en tretas parlamentarias, hace ya mucho que batieron el récord de pronunciar frases pacifistas e internacionalistas sonoras y retumbantes, *unido a* la más descarada traición al socialismo y a la Internacional, a la aceptación de cargos en gobiernos que hacen la guerra imperialista, a la votación de créditos *o empréstitos* (como acaban de hacerlo en Rusia Chjeídze, Skóbeliev, Tsereteli y Steklov), a la oposición a la lucha revolucionaria en *su propio país,* etcétera.

La gente candorosa olvida a menudo la brutal y salvaje realidad de la guerra imperialista mundial. Y esta realidad no tolera frases, y se burla de los piadosos e inocentes deseos.

Existe una clase y sólo una de internacionalismo verdadero, y es trabajar abnegadamente para desarrollar el movimiento revolucionario y la lucha revolucionaria *en el propio* país, y apoyar (con propaganda, solidaridad y ayuda material) esta lucha, esta y *sólo esta* línea, en *todos* los países sin excepción.

Todo lo demás es engaño y manilovismo[7].

Durante más de dos años de guerra, en el movimiento internacional socialista y obrero de *todos* los países se fueron perfilando tres tendencias. Quien no quiera ver la *realidad* y se niegue a reconocer la existencia de estas tres tendencias, a analizarlas, a luchar consecuentemente por la tendencia que es verdaderamente internacionalista, está condenado a la impotencia, a la desesperanza y a todo género de errores.

Las tres tendencias son las siguientes:

1) Los socialchovinistas, es decir, los socialistas de palabra y chovinistas de hecho, que admiten la «defensa de la patria» en una guerra imperialista (y sobre todo en la actual guerra imperialista).

Estas personas son nuestros enemigos *de clase*. Se han pasado a la burguesía.

Constituyen la mayoría de los dirigentes oficiales de los partidos socialdemócratas oficiales de *todos* los países; los señores Plejánov y Cía. en Rusia; los Scheidemann en Alemania; Renaudel, Guesde y Sembat en Francia; Bissolati y Cía. en Italia; Hyndman, los fabianos[8] y los «labo-

---

[7] Derivado de Manílov, personaje de la obra de N. Gógol, *Almas muertas,* arquetipo del soñador abúlico, charlatán inactivo y frívolo *[N. del Ed.].*

[8] *Fabianos:* miembros de la Sociedad Fabiana, organización reformista inglesa fundada en 1884 que tomó su nombre del jefe guerrero romano Fabio Cuntáctor (el Contemporizador), famoso por su táctica expectante, de acuerdo con la cual rehuía los combates decisivos en la guerra contra Aníbal. La Sociedad estaba integrada predominantemente por intelectuales burgueses (científicos, escritores, dirigentes políticos como, por ejemplo, Sidney y Beatrice Webb, Bernard Shaw, Ramsay MacDonald, etc.), quienes negaban que el proletariado necesitara la lucha de clases y la revolución socialista, y afirmaban que sólo se podría pasar del

ristas»[9] en Inglaterra; Branting y Cía. en Suecia; Troelstra y su partido en Holanda; Stauning y su partido en Dinamar-

---

capitalismo al socialismo mediante pequeñas reformas que poco a poco transformarían a la sociedad. Enemiga del marxismo, fue y sigue siendo todavía uno de los instrumentos de la burguesía para extender su influencia en la clase obrera, introducir las ideas oportunistas y socialchovinistas en el movimiento obrero de Inglaterra. Lenin calificó a los fabianos de «corriente del *más acentuado oportunismo*» *[N. del Ed.]*.

[9] Labour Party («Partido laborista»): se constituyó en 1900, a raíz de la fusión de las *trade unions,* organizaciones y grupos socialistas, realizada con vistas a formar un organismo representativo de los obreros (Comité de representantes obreros) que actuaría en el Parlamento. En 1906 dicho Comité cambió su nombre por el de Partido Laborista. Los miembros de las *trade unions* son automáticamente afiliados del partido siempre que abonen su cuota como tales. El Partido Laborista está encabezado por un Comité Ejecutivo que junto con el Consejo General de las *trade unions* y el Comité Ejecutivo del Partido Cooperativo constituyen el Consejo Nacional del Trabajo.

Están estrechamente unidos al Partido Laborista el Partido Cooperativo, que lo integra con los derechos de miembro colectivo, y el Independent Labour Party. El Partido Laborista, que en un comienzo fue, por su composición, un partido obrero (más tarde se incorporaron a él un considerable número de sectores pequeñoburgueses) es, por su ideología y su táctica, una organización oportunista. Desde que se formó, sus dirigentes aplicaron una política de colaboración de la clase con la burguesía. «El Partido Laborista es burgués hasta la médula, pues aunque está integrado por obreros lo dirigen reaccionarios, los peores reaccionarios, que actúan enteramente en el espíritu de la burguesía…» (V. I. Lenin, *op. cit.,* t. XXXI, «Discurso sobre el ingreso en el Partido Laborista de Gran Bretaña»). Durante la Primera Guerra Mundial los dirigentes del Partido Laborista adoptaron una posición socialchovinista. Los laboristas fueron gobierno reiteradas veces e invariablemente siguieron la política del imperialismo inglés. La política reaccionaria que asumió la dirección del partido provocó un gran descontento entre los trabajadores del país, determinando la formación de una corriente de izquierda que combate la posición oficial de la dirección del partido *[N. del Ed.]*.

ca; Victor Berger y demás «defensores de la patria» en Estados Unidos, etcétera.

2) La segunda tendencia, conocida como el «centro», consiste en personas que oscilan entre los socialchovinistas y los internacionalistas verdaderos.

Todos los del «centro» juran y proclaman ser marxistas, internacionalistas, estar por la paz, por que se ejerza todo tipo de «presión» sobre los gobiernos, por «exigir», por todos los medios, que sus propios gobiernos «se cercioren de la voluntad de paz del pueblo», por todo tipo de campañas por la paz, por una paz sin anexiones, etc., *y por la paz con los socialchovinistas.* El «centro» está por la «unidad», el centro es enemigo de una división.

El «centro» es un reino de almibaradas frases pequeñoburguesas, de internacionalismo de palabra y cobarde oportunismo y servilismo ante los socialchovinistas en los hechos.

El fondo de la cuestión es que el «centro» no está convencido de la necesidad de una revolución contra el propio gobierno, no exhorta a la revolución, no libra una lucha revolucionaria abnegada, y para eludir esa lucha, recurre a los más trillados *pretextos,* sonoramente ultra «marxistas».

Los socialchovinistas son nuestros *enemigos de clase, son burgueses* dentro del movimiento obrero. Representan una capa o grupo o sectores de la clase obrera *objetivamente* sobornados por la burguesía (mediante mejores salarios, cargos honoríficos, etc.) y que ayudan a *su propia* burguesía a saquear y a oprimir a los pueblos pequeños y débiles, y a luchar *por* el reparto del botín capitalista.

El «centro» está formado por cultores de la rutina, corroídos por la úlcera de la legalidad, corrompidos por la atmósfera parlamentaria, etc., burócratas acostumbrados a cargos cómodos y a trabajos livianos. Desde el punto de vista histórico y económico, no constituyen un sector específico, sólo representan la *transición* de una etapa ya superada del movimiento obrero –la etapa de 1871 a 1914, que dio al proletariado muchas cosas valiosas, sobre todo en el arte indispensable de un trabajo consecuente y sistemático de organización en una amplia, muy amplia, escala– a una nueva etapa, que se hizo *objetivamente* esencial con el estallido de la Primera Guerra Mundial imperialista que inició *la era de la revolución social.*

El más destacado dirigente y representante del «centro» es K. Kautsky, la más descollante autoridad de la Segunda Internacional (1889-1914), modelo, desde agosto de 1914, de fracaso total como marxista, personificación de una inconcebible falta de firmeza y de las más deplorables vacilaciones y traiciones. La tendencia del «centro» incluye a Kautsky, Haase, Ledebour y el llamado «Grupo obrero o del trabajo»[10] en el Reichstag; en Francia incluye a Longuet, Pressemanne y todos los llamados «minoritarios»[11] (men-

---

[10] Grupo Socialdemócrata del Trabajo (Arbeitsgemeinschaft / «Comunidad del Trabajo»): organización de los centristas alemanes, fundada en marzo de 1916 por los diputados del Reichstag que se desprendieron del grupo socialdemócrata del Reichstag. Encabezaban el grupo G. Haase, G. Ledebour, W. Dittmann. El grupo editaba *Lose Blätter [Hojas sueltas]* y hasta abril de 1916 tuvo gran influencia en la redacción de *Vorwärts.* Cuando los centristas se retiraron de *Vorwärts,* el grupo convirtió el periódico *Mitteilungsblätter* de Berlín en su publicación oficial. El grupo tenía el apoyo de la mayoría de la organización de Berlín. Constituyó el núcleo central del Partido Socialdemócrata Independiente de Alemania, formado en abril de 1917, que justificaba a los socialchovinistas desembozados y procuraba conservar la unidad con ellos *[N. del Ed.].*

[11] *Minoritarios o longuetistas:* minoría del Partido Socialista Francés formada en 1915. Los minoritarios (partidarios del socialreformista Longuet) sostenían puntos de vista centristas y seguían una política de coalición con los socialchovinistas. Durante la Primera Guerra Mundial adoptaron una posición socialpacifista. Después del triunfo de la Revo-

cheviques) en general; en Inglaterra, a Philip Snowden, Ramsay MacDonald y otros muchos dirigentes del «Partido Laborista Independiente»[12] y algunos dirigentes del Partido Socialista Británico[13]; en Estados Unidos, a Morris Hillquit

---

lución Socialista de Octubre en Rusia se declararon partidarios de la dictadura del proletariado, pero en la práctica estaban en contra de esta, continuaban la política de colaboración con los socialchovinistas y apoyaron el expoliador tratado de paz de Versalles. Los longuetistas, junto con los reformistas, quedaron en minoría en el Congreso del Partido Socialista Francés realizado en diciembre de 1920 en Tours, donde triunfó el ala izquierda, y se separaron del partido, plegándose a la llamada Segunda y Media Internacional; después de la desintegración de esta volvieron a adherirse a la Segunda Internacional *[N. del Ed.]*.

[12] *Independent Labour Party:* organización reformista fundada por los dirigentes de las «nuevas *trade unions*» en 1893 cuando se produjo una intensificación de las luchas obreras y del movimiento de la clase obrera de Inglaterra por independizarse de los partidos burgueses (véase más datos en *op. cit.,* t. XIII, nota 11). A comienzos de la Guerra Mundial el ILP publicó un manifiesto contra la guerra y en la conferencia del partido realizada el 5-6 de abril de 1915 se aprobaron varias resoluciones pacifistas, pero al poco tiempo el partido adoptó una posición socialchovinista *[N. del Ed.]*.

[13] *Partido Socialista Británico:* se fundó en Mánchester, en 1911, como resultado de la unión del Partido Socialdemócrata con otros grupos socialistas. La agitación que realizaba se ajustaba a las ideas marxistas, y según Lenin el propio partido era «no oportunista y verduderamente independiente de los liberales» (véase *op. cit.,* t. XX, «Desenmascaramiento de los oportunistas británicos»). No obstante, el hecho de tener pocos afiliados y su débil vinculación con las masas hizo que ese partido tuviera cierto carácter sectario. Durante la Primera Guerra Mundial (1914-1918) se libró dentro del PSB una intensa lucha entre la corriente internacionalista (W. Gallacher, A. Inkpin, D. MacLean, F. Rothstein y otros) y la corriente socialchovinista encabezada por Hyndman. Dentro de la corriente internacionalista había algunos elementos poco firmes, que en algunos problemas estaban ubicados en una posición centrista. En febrero de 1916 un grupo de militantes del PSB fundó el periódico *The Call [Llamamiento]*, que tuvo activa participación en la cohesión de los

y muchos otros; en Italia, a Turati, Treves, Modigliani y
otros; en Suiza, a Rohert Grimm y otros; en Austria, a Victor
Adler y Cía.; en Rusia, al partido del Comité de Organización, Axelrod, Mártov, Chjeídze, Tsereteli y otros, etcétera.

A veces, por supuesto, algunas personas, pasan incons-
cientemente de la posición del socialchovinismo a la del
«centro» y viceversa. Todo marxista sabe que las clases son
definidas, aunque las personas se pasen libremente de una
clase a otra; del mismo modo, las *tendencias* en la vida política son definidas a pesar del hecho de que algunas personas
se pasen libremente de una tendencia a otra, y a pesar de los
esfuerzos e intentos de *fusionar* las tendencias.

3) La expresión más fiel de la tercera tendencia, la de los
verdaderos internacionalistas, es la «izquierda de Zimmerwald»[14]. (Reproducimos como suplemento su Manifiesto de

---

internacionalistas. Ese mismo año, en la Conferencia del partido realizada en Salford, se condenó la posición socialchovinista de Hyndman y sus
partidarios, quienes abandonaron el partido. El PSB saludó la Revolución Socialista de Octubre; sus miembros desempeñaron un relevante
papel en el movimiento que formaron los trabajadores de Inglaterra en
defensa de la Rusia soviética de la intervención extranjera. En 1919 la
mayoría de las organizaciones locales del partido (98 sobre 4) se pronunció por su incorporación a la Internacional Comunista. La unión del PSB
con el grupo comunista desempeñó un importante papel en la formación
del Partido Comunista de Gran Bretaña. En el primer congreso de unificación, realizado en 1920, la mayoría de las organizaciones locales del
PSB formó el Partido Comunista [*N. del Ed.*].

[14] El *grupo de la izquierda de Zimmerwald* se constituyó por iniciativa de
Lenin en la Conferencia Socialista Internacional de Zimmerwald; realizada en septiembre de 1915. Estaba formado por ocho delegados en representación del CC del POSDR y de los socialdemócratas de izquierda
de Succia, Noruega, Suiza, Alemania, la oposición socialdemócrata po-
laca, la Socialdemocracia del Territorio Letón. El grupo, dirigido por
Lenin, luchó contra la mayoría centrista de la conferencia y presentó
proyectos de una resolución y de un manifiesto en los que se condenaba

septiembre de 1915, para que los lectores puedan conocer, en el original, cómo nació esta tendencia).

Su rasgo distintivo es su ruptura total, tanto con el socialchovinismo como con el «centro», y su valiente lucha revolucionaria contra su propio gobierno imperialista y contra su *propia* burguesía imperialista. Su principio es: «nuestro principal enemigo lo tenemos en casa». Libra una

---

la guerra, se desenmascaraba la traición de los socialchovinistas y se señalaba la necesidad de luchar activamente contra la guerra; estos proyectos fueron rechazados por la mayoría centrista de la conferencia. Pero, pese a eso, la izquierda de Zimmerwald logró incorporar al manifiesto aprobado por la conferencia una serie de tesis importantes de su proyecto de resolución. Considerando el manifiesto como el primer paso en la lucha contra la guerra imperialista, la izquierda de Zimmerwald votó por su aprobación, señalando en una declaración especial que el documento era incompleto e inconsecuente, y puntualizando también los motivos que los movieron a votar por él. Al mismo tiempo, la izquierda de Zimmerwald declaró que, aunque en líneas generales seguía perteneciendo a la Unión de Zimmerwald, realizaría un trabajo independiente en el ámbito internacional y difundiría sus puntos de vista. Eligió su organismo dirigente, el Buró, que fue integrado por V. I. Lenin, G, E. Zinóviev y K. Rádek. El grupo editaba la revista *Vorbote [El precursor]* en alemán, en la que se publicaron varios artículos de Lenin. La fuerza principal del grupo de la izquierda de Zimmerwald estaba constituida por los bolcheviques, quienes sostenían la única posición consecuentemente internacionalista. Lenin luchaba contra las vacilaciones oportunistas de Rádek y criticaba los errores de otros miembros de la izquierda. En torno de la izquierda de Zimmerwald comenzaron a agruparse los elementos internacionalistas de la socialdemocracia internacional. En la Segunda Conferencia Socialista Internacional, celebrada en abril de 1916 en la aldea de Kienthal, cerca de Berna, adhirieron al grupo 12 de los 43 delegados y en determinados problemas votaron por sus proposiciones alrededor de la mitad. Los socialdemócratas de izquierda de una serie de países que integraban el grupo realizaron una gran labor revolucionaria y desempeñaron un papel importante en la creación de los partidos comunistas en sus países *[N. del Ed.]*.

lucha sin cuartel contra las almibaradas frases socialpacifis-
tas (un socialpacifista es un socialista de palabra y un paci-
fista burgués en los hechos; los pacifistas burgueses sueñan
con una paz eterna *sin* derrocar el yugo y la dominación del
capital) y contra todos los *subterfugios* empleados para negar
la posibilidad, la conveniencia o la oportunidad de una lucha revolucionaria proletaria y de una revolución socialista
proletaria en relación con la guerra actual.

El más destacado representante de esta tendencia en Alemania es el «Grupo Espartaco» o «Grupo Internacional»[15] al

---

[15] *Espartaquistas,* «Grupo Espartaco» («Internacional»): organización
revolucionaria de los socialdemócratas alemanes de izquierda; se constituyó en enero de 1916 encabezada por K. Liebknecht, R. Luxemburg,
F. Mehring, C. Zetkin, I. Marchlewski, L. Jogiches (Tyszka), W. Pieck.
En abril de 1915 R. Luxemburg y F. Mehring fundaron la revista *Die
Internationale,* en torno de la cual se nucleó el grupo fundamental de los
socialdemócratas de izquierda en Alemania. El 1 de enero de 1916 se
celebró en Berlín la conferencia de toda Alemania de los socialdemócratas de izquierda, donde el grupo quedó constituido orgánicamente con
el nombre de grupo «Internacional». Como plataforma del grupo, la
conferencia adoptó las *Leitsätze* (Tesis fundamentales) elaboradas por
R. Luxemburg con la participación de K. Liebknecht, F. Mehring y
C. Zetkin. Desde 1916 el grupo «Internacional», además de los boleti-
nes políticos que publicaba en 1915, comenzó a editar y difundir clan-
destinamente las «Cartas política» firmadas por «Espartaco» (aparecieron regularmente hasta octubre de 1918) y comenzó a llamarse grupo
«Espartaco». Los espartaquistas realizaban propaganda revolucionaria
entre las masas, organizaban actos de masas antibélicos, dirigían huelgas,
desenmascaraban el carácter imperialista de la Guerra Mundial y la traición de los líderes oportunistas de la socialdemocracia. Sin embargo, los
espartaquistas cometieron serios errores teóricos y políticos: negaban la
posibilidad de las guerras de liberación nacional en la época del imperialismo, su posición respecto de la consigna sobre la transformación de la
guerra imperialista en guerra civil era inconsecuente, subestimaban el
papel del partido proletario como vanguardia de la clase obrera, subestimaban al campesinado como aliado del proletariado, temían una ruptu-

que pertenece Karl Liebknecht, el representante más famoso de esta tendencia y de la *nueva* y verdadera Internacional proletaria.

Karl Liebknecht se dirigió a los obreros y soldados de Alemania llamándolos a *volver las armas* contra *su propio* gobierno. Karl Liebknecht hizo esto abiertamente, desde la tribuna del Parlamento *(Reichstag)*. Concurrió, después, a una manifestación en la plaza de Potsdam, una de las más grandes plazas de Berlín, con volantes impresos ilegalmente que proclamaban la consigna: «¡Abajo el gobierno!». Fue detenido y condenado a *trabajos forzados.* Hoy cumple su condena en una cárcel alemana, como *cientos,* si no miles, de otros *verdaderos* socialistas alemanes, encarcelados por sus actividades antibélicas.

Karl Liebknecht, en sus discursos y en sus cartas, atacó sin piedad no sólo a los Plejánov y los Potrésov de su propio país (los Scheidemann, Legien, David y Cía.), *sino también a los «centristas» alemanes,* a sus Chjeídze y Tsereteli (los Kautsky, Haase, Ledebour y compañía).

---

ra decidida con los oportunistas. Lenin criticó más de una vez estos errores de los socialdemócratas alemanes de izquierda (véase «El folleto de Junius», *Obras completas,* 2.ª ed., t. XXIII, pp. 422-437; «Una caricatura del marxismo», t. XXIV, y otros trabajos), pero al mismo tiempo valoraba su actividad revolucionaria. «La labor del grupo alemán Espartaco, que ha realizado en las condiciones más difíciles una sistemática propaganda revolucionaria, salvó el honor del socialismo y del proletariado alemanes», escribía a este grupo el 18 de octubre de 1918. En abril de 1917 los espartaquistas se incorporaron al partido centrista «Socialdemócrata Independiente de Alemania» conservando, dentro de este, su independencia orgánica. En noviembre de 1918, durante la revolución en Alemania, los espartaquistas se constituyeron en «Liga Espartaco» y publicaron el 14 de diciembre de 1918 su programa, rompiendo con los «independientes». El 30 de diciembre de 1918-1 de enero de 1919 los espartaquistas crearon el Partido Comunista de Alemania *[N. del Ed.].*

Karl Liebknecht y su amigo Otto Rühle, dos en medio de 110 diputados, violaron la disciplina, rompieron la «unidad» con el «centro» y los chovinistas, y *los enfrentaron a todos*. *Sólo* Liebknecht representa el socialismo, la causa del proletariado, la revolución proletaria. *Todo* el resto de la socialdemocracia alemana es, según las atinadas palabras de Rosa Luxemburg (miembro también del «Grupo Espartaco» y uno de sus dirigentes), un cadáver *pestilente*.

Otro grupo de verdaderos internacionalistas en Alemania es el del periódico *Política obrera,* de Bremen.

Quienes en los hechos están más próximos a los internacionalistas son: en Francia, Loriot y sus amigos (Bourderon y Merrheim se han deslizado al socialpacifismo) así como el francés Henri Guilbeaux, que publica en Ginebra la revista *La mañana*[16]; en Inglaterra, el periódico *El tradeunionista*[17] y *algunos* miembros del Partido Socialista Británico y del Partido Laborista Independiente (por ejemplo, William Russell, que propuso abiertamente la ruptura con los dirigentes que habían *traicionado* el socialismo); el maestro socialista escocés McLean, condenado a *trabajos forzados* por el gobierno burgués de Inglaterra a causa de su lucha revolucionaria contra la

---

[16] *La mañana [Demain]:* revista literaria y política publicada mensualmente por el escritor y periodista francés internacionalista, A. Guilbeaux; apareció desde enero de 1916 hasta 1919 (con una interrupción de enero a abril de 1917) primero en Ginebra y luego en Moscú. La revista atacaba al chovinismo y defendía el programa de Zimmerwald. Entre sus colaboradores se contaron R. Rolland, S. Zweig, etc. Publicó los siguientes artículos de V. I. Lenin: «Discurso sobre la disolución de la Asamblea Constituyente en la reunión del CEC de toda Rusia. 6 (19) de enero de 1918» y «Para la historia de una paz infortunada» *[N. del Ed.].*

[17] *The Trade Unionist:* diario sindical inglés; se publicó en Londres desde noviembre de 1915 hasta noviembre de 1916. Su editor fue E. Pratt y colaboraron B. Courtley, G. L. Caul, I. D. Lawrence, T. Mann, W. F. Watson, A. J. Weller, G. P. Finger *[N. del Ed.].*

guerra, y cientos de socialistas ingleses, encarcelados por el mismo delito. Ellos, y sólo ellos, son internacionalistas *en los hechos*. En Estados Unidos, el Partido Socialista Obrero[18] y quienes, dentro del Partido Socialista[19] oportunista, comen-

---

[18] *Partido Socialista Obrero de Norteamérica:* se fundó en 1876 en el congreso unificador realizado en Filadelfia como resultado de la fusión de las secciones norteamericanas de la Primera Internacional y otras organizaciones socialistas. Tomó parte en el Congreso, como dirigente, el compañero de lucha de Marx y Engels, F. Sorge. La abrumadora mayoría del partido estaba constituida por inmigrantes, escasamente vinculados a los obreros norteamericanos. En los primeros años ocuparon una posición dirigente en el partido los lassalleanos, quienes cometieron errores de tipo sectario y dogmático. Algunos de sus líderes consideraban como tarea principal del partido la actividad parlamentaria y subestimaban la importancia de que asumiera la dirección de la lucha económica de masas: otros, en cambio, tendían al tradeunionisnio y al anarquismo. La falta de consecuencia ideológica y táctica de sus dirigentes hizo que el partido se debilitara y que abandonaran sus filas muchos grupos. Marx y Engels sometieron a severa crítica la táctica sectaria de los socialistas norteamericanos.

Alrededor de la década del 1890 tomó la dirección del Partido Socialista Obrero su ala izquierda, encabezada por D. de León, y en este periodo se cometieron errores de tipo anarcosindicalista. El partido desistió de la lucha por las reivindicaciones parciales de la clase obrera y de la actividad en los sindicatos reformistas; así fue perdiendo sus vínculos, ya de por sí débiles, con el movimiento obrero de masas. Durante la Primera Guerra Mundial tendió al internacionalismo. Bajo la influencia de la Gran Revolución Socialista de Octubre su sector más revolucionario tomó parte activa en la formación del Partido Comunista de Norteamérica. En la actualidad el Partido Socialista Obrero de Norteamérica es una organización numéricamente débil y que carece de influencia en el movimiento obrero de Estados Unidos *[N. del Ed.]*.

[19] *Partido Socialista de Norteamérica:* se constituyó en julio de 1901, en el Congreso de Indianápolis, al unificarse los grupos que se habían separado del Partido Socialista Obrero y del Partido Socialdemócrata de Estados Unidos, uno de cuyos organizadores había sido Eugene Debs, popular líder del movimiento obrero norteamericano, que figuró también entre los fundadores del nuevo partido. La composición social de este era

zaron a publicar, en enero de 1917, el periódico *El internacionalista*[20]; en Holanda el partido de los «tribunistas»[21], que publica el periódico *La tribuna* (Pannekoek, Hermann Gor-

---

heterogénea: integraron sus filas obreros norteamericanos, obreros inmigrantes, así como pequeños agricultores y elementos procedentes de la pequeña burguesía. La dirección centrista y oportunista de derecha del partido (V. Berger, Morris Hillquit y otros) negaba la necesidad de la dictadura del proletariado, no aceptaba los métodos revolucionarios de lucha y limitaba la actividad del partido en lo fundamental a intervenir en las campañas electorales. Durante la Primera Guerra Mundial se formaron en él tres corrientes: los socialchovinistas, que respaldaban la política imperialista del gobierno; los centristas, que se oponían sólo verbalmente a la guerra imperialista; y una minoría revolucionaria, que adoptó posiciones internacionalistas y combatió la guerra.

El ala izquierda del Partido Socialista, encabezada por Charles Ruthemberg, William Foster, W. Haywood y otros buscó apoyo en los elementos proletarios y luchó contra la dirección oportunista del partido, por la actividad política independiente del proletariado, por la creación de sindicatos por rama de la producción basados en los principios de la lucha de clases. En 1919 se produjo una escisión en el partido. Los militantes del ala izquierda que abandonaron sus filas emprendieron la formación del Partido Comunista de Estados Unidos y construyeron su núcleo fundamental.

En la actualidad el Partido Socialista de Norteamérica es una organización numéricamente reducida y sectaria *[N. del Ed.]*.

[20] *The Internationalist:* semanario oficial del ala izquierda de los socialistas; fue publicado en Boston, a comienzos de 1917 por la «Liga para la propaganda socialista de Norteamérica»; sus colaboradores eran internacionalistas de Estados Unidos y de otros países: D. Williams, G. A. Gibbs, M. S. Sartarian, D. Fozin, S. I. Rutgers, A. S. Edwards *[N. del Ed.]*.

[21] *Tribunistas:* miembros del Partido Socialdemócrata de Holanda cuya publicación oficial era *De Tribune [Tribuna]*. Sus dirigentes fueron D. Wijnkoop, G. Gorter, A. Pannekoek, H. Roland-Holst. Los tribunistas no constituían un partido revolucionario consecuente, pero representaban el ala izquierda del movimiento obrero de su país. En los años de la Guerra Mundial imperialista adoptaron posiciones internacionalistas; en 1918 fundaron el Partido Comunista de Holanda *[N. del Ed.]*.

ter, Wijnkoop, Henriette Roland-Holst, que aunque centrista
en Zimmerwald, se ha incorporado ahora a nuestras filas); en
Suecia, el partido de los jóvenes o de la izquierda[22], dirigido
por Lindhagen, Ture Nerman, Carleson, Ström y Z. Höglund
quien, en Zimmerwald intervino personalmente en la organización de la «izquierda de Zimmerwald» y hoy está encar-
celado por su lucha revolucionaria contra la guerra; en Dina-
marca, Trier y sus amigos, que han abandonado el ahora
enteramente burgués partido «socialdemócrata» dinamar-
qués, presidido por el *ministro* Stauning; en Bulgaria, los
«tesniakí»[23]; en Italia, los más cercanos son Constantino Laz-
zari, secretario del partido, y Serrati, director de *Avanti!*[24], su
órgano de prensa central; en Polonia, Rádek, Hanecki y otros

---

[22] *Partido de los jóvenes o de la izquierdo de Suecia:* Lenin llamaba así a la
tendencia de izquierda de la socialdemocracia sueca. Durante la Guerra
Mundial imperialista los «jóvenes» adoptaron una posición internacionalista, sumándose a la izquierda de Zimmerwald. En mayo de 1917
formaron el Partido Socialdemócrata de Izquierda de Suecia; en el Congreso de ese partido, realizado en 1919, se aprobó la resolución de incor-
porarlo a la Internacional Comunista. En 1921 el ala revolucionaria de
ese partido formó el Partido Comunista de Suecia *[N. del Ed.]*.

[23] *Tesniakí* (los «estrechos»): tendencia revolucionaria en el Partido Socialdemócrata Búlgaro que constituyó en 1903 el Partido Socialdemócrata
Obrero Búlgaro. D. Blagóiev fue fundador y dirigente de los tesniakí; más
tarde fueron dirigidos por los discípulos de Blagóiev: J. Dimítrov, V. Kolarov
y otros. En 1914-1918 los tesniakí se pronunciaron contra la guerra imperialista. En 1919 pasaron a formar parte de la Tercera Internacional Comunista y fundaron el Partido Comunista de Bulgaria, transformado posterior-
mente en el Partido Obrero Búlgaro (de los comunistas) *[N. del Ed.]*.

[24] *Avanti!:* periódico oficial del Partido Socialista Italiano, fundado en
diciembre de 1896 en Roma. En los años de la guerra imperialista tuvo
posiciones internacionalistas inconsecuentes y mantuvo relaciones con
los reformistas. En 1926 fue clausurado por el gobierno fascista de Mus-
solini, pero continuó apareciendo irregularmente en el exterior. Desde
1943 se edita nuevamente en Roma *[N. del Ed.]*.

dirigentes del los socialdemócratas agrupados en torno de la «Dirección Regional» y Rosa Luxemburg, Tyszka y otros dirigentes de los socialdemócratas unidos en torno de la «Dirección principal»[25]; en Suiza, los de la izquierda, que, en enero de 1917, redactaron los considerandos de un «referéndum» para combatir a los socialchovinistas y al «centro» de *su propio* país, y que en la convención socialista cantonal de Zúrich, celebrada en Töss el 11 de febrero de 1917, propusieron una resolución consecuentemente revolucionaria contra la guerra; en Austria, los jóvenes del ala izquierda amigos de Friedrich Adler, algunos de los cuales actuaban en el Club Karl Marx de Viena, clausurado hoy por el archirreaccionario gobierno

---

[25] *Dirección Regional y Dirección Principal de la SDRPyL:* organismos dirigentes de la socialdemocracia del Reino de Polonia y Lituania.

En el IV Congreso (de Unificación) del POSDR, realizado en 1906, la SDRPyL fue incorporada al partido como organización territorial. Después del fracaso de la revolución de 1905-1907 se manifestaron dentro de la SDRPyL divergencias sobre problemas partidarios internos que a comienzos de 1912 determinaron la división de los socialdemócratas polacos en partidarios de la Dirección Principal (que se situaban en una posición conciliadora con respecto a los liquidadores y a la vez, en la práctica, apoyaban las tendencias antibolcheviques del POSDR), y en partidarios de la Dirección Regional (que se apoyaban en las organizaciones del partido en Varsovia y en Lodz). La Dirección Regional se vinculó con los bolcheviques y apoyó la línea del CC del POSDR.

Durante la Primera Guerra Mundial ambos grupos se unieron en un partido único que tenía una plataforma internacionalista. La SDRPyL combatió enérgicamente a los partidarios de Pilsudski y a los socialistas populares que apoyaban a los imperialistas extranjeros, y adoptó una posición muy próxima a la de los bolcheviques. No obstante, cometió algunos errores y no luchó con firmeza contra los centristas y los conciliadores.

La SDRPyL saludó la Gran Revolución Socialista de Octubre y luchó por el triunfo de la revolución proletaria en Polonia. En diciembre de 1918, en el Congreso de Unificación de la SDRPyL y el PSP-Lewicza, los dos partidos se unieron y formaron el Partido Comunista de Polonia *[N. del Ed.]*.

austriaco, el que está arruinando la vida a Friedrich Adler, por su heroico, aunque irreflexivo, atentado contra uno de los ministros, etcétera.

No se trata de matices u opiniones, que también existen incluso entre los izquierdistas. Se trata de *tendencias.* La cuestión es que no resulta fácil ser internacionalista en los hechos durante una espantosa guerra imperialista. Tales personas son pocas, pero sólo de esas personas depende el futuro del socialismo, *sólo* ellas son los dirigentes *del pueblo,* y no sus corruptores.

La diferencia entre los reformistas y los revolucionarios, entre los socialdemócratas y los socialistas en general, debía necesariamente sufrir cambios con motivo de la guerra imperialista. Quienes se limitan a «exigir» que los gobiernos burgueses concierten la paz o que «se cercioren de la voluntad de paz de los pueblos», etc., se deslizan *en realidad* hacia el reformismo. *Porque objetivamente el problema de la guerra* sólo puede resolverse de *forma revolucionaria.*

No hay posibilidad de que esta guerra termine en una paz democrática, no coercitiva, de que los pueblos se liberen del oneroso tributo de los *miles de millones* de intereses pagados a los señores capitalistas que han hecho fortunas con la «guerra», excepto mediante una revolución del proletariado.

Se puede y se debe exigir a los gobiernos burgueses las más diversas reformas; pero no se puede, sin hundirse en el manilovismo y en el reformismo, pedir que las personas y las clases envueltas una y mil veces en la red del capital imperialista *rompan* esa red; y si no se rompe esa red, todos los discursos sobre una guerra contra la guerra no son más que palabras ociosas y engañosas.

Los «kautskistas», el «centro», son revolucionarios de palabra y reformistas de hecho; internacionalistas de palabra y cómplices de los socialchovinistas de hecho.

La bancarrota de la Internacional de Zimmerwald. Necesidad de crear una Tercera Internacional

17. La Internacional de Zimmerwald adoptó desde el primer momento una actitud vacilante, «kautskista», «centrista», lo que obligó inmediatamente a la *izquierda de Zimmerwald* a retirarse, a separarse de los demás y emitir su *propio* manifiesto (publicado en Suiza en ruso, alemán y francés).

El defecto principal de la Internacional de Zimmerwald y la causa de su *bancarrota* (pues política e ideológicamente ya ha sufrido una bancarrota) fue su vacilación e indecisión en un problema tan esencial, de decisiva significación práctica, como el de romper totalmente con el socialchovinismo y la antigua Internacional socialchovinista, dirigida por Vandervelde y Huysmans en La Haya (Holanda), etcétera.

En Rusia aún se ignora que quienes constituyen la mayoría de Zimmerwald *no son más que kautskistas.* Y este es un hecho fundamental, que no se puede ignorar y que todos conocen ya en Europa occidental. Hasta el chovinista, el extremado chovinista alemán Heilmann, director de la ultrachovinista *Gaceta de Chemnitz* y colaborador de la ultrachovinista *La campana*[26] de Parvus («socialdemócrata», por supuesto, y fervoroso partidario de la «unidad» socialdemócrata) se ha visto obligado a reconocer en la prensa que el centro, o «kautskismo», y *la mayoría de Zimmerwald* son una y la misma cosa.

Este hecho quedó definitivamente establecido a finales de 1916 y a principios de 1917. Aunque el manifiesto de Kienthal condena al socialpacifismo, *toda* la derecha de Zim-

---

[26] *La campana [Die Glocke]:* revista quincenal publicada en Múnich y más tarde en Berlín desde 1915 a 1925 por el socialchovinista Parvus (A. L. Guelfand), miembro del Partido Socialdemócrata Alemán *[N. del Ed.].*

merwald, *toda* la mayoría de Zimmerwald, se sumergió en el socialpacifismo: Kautsky y Cía., en una serie de declaraciones de enero y febrero de 1917; Bourderon y Merrheim, en Francia, que votaron *unánimemente* con los socialchovinistas las resoluciones pacifistas del Partido Socialista (diciembre de 1916) y de la Confederación General del Trabajo (organización nacional de los sindicatos franceses, también en diciembre de 1916)[27]; Turati y Cía., en Italia, donde el partido íntegro adoptó una posición socialpacifista, mientras que el propio Turati en un discurso pronunciado el 17 de diciembre de 1916 «soltó» (no por casualidad, claro está) frases *nacionalistas* que embellecían la guerra imperialista.

En enero de 1917 el presidente de las conferencias de Zimmerwald y de Kienthal, Robert Grimm, se unión con los socialchovinistas de *su propio* partido (Greulich, Pflüger, Gustav Müller y otros) *contra* los internacionalistas en los hechos.

En dos reuniones de *zimmerwaldistas* de distintos países, celebradas en enero y febrero de 1917, esa conducta equívoca, hipócrita, de la mayoría de Zimmerwald fue estigmatizada oficialmente por los internacionalistas de izquierda de varios países: por Münzenberg, secretario de la organización internacional de la juventud y director de la excelente publicación internacionalista *La Internacional de la juventud;* por Zinóviev, representante del Comité Central de nuestro par-

---

[27]   Lenin critica las resoluciones del Partido Socialista Francés en su trabajo «Pacifismo burgués y pacifismo socialista. Artículo III. El pacifismo de los socialistas y sindicalistas franceses». En las dos resoluciones que analiza se saluda a Wilson, presidente de Estados Unidos, quien actuó como mediador, proponiendo a todas las naciones «que formularan públicamente su opinión sobre las condiciones para terminar la guerra», es decir, propuso que se concluyera la guerra imperialista con una paz imperialista *[N. del Ed.].*

tido; por K. Rádek, del Partido Socialdemócrata polaco (Dirección Regional) y Hartstein, socialdemócrata alemán y miembro del Grupo Espartaco.

Mucho se le ha dado al proletariado ruso; en ninguna parte del mundo ha conseguido aún la clase obrera desplegar tanta energía revolucionaria como en Rusia. Pero a quien mucho se le da, mucho se le exige.

Es imposible seguir tolerando la charca zimmerwaldista. No debemos, en obsequio de los «kautskistas» de Zimmerwald, mantener la semialianza con la Internacional chovinista de los Plejánov y los Scheidemann. Debemos romper inmediatamente con esa Internacional. Debemos quedarnos en Zimmerwald *sólo* con fines de información.

Somos nosotros quienes debemos fundar ahora mismo, sin dilación, una *nueva* Internacional, revolucionaria, proletaria; o, mejor dicho, no debemos tener miedo de reconocer públicamente que esa Internacional *ha sido ya fundada* y actúa.

Esta es la Internacional de los «internacionalistas en los hechos» que he enumerado concretamente más arriba. Ellos, y sólo ellos, son los representantes de las masas revolucionarias, internacionalistas, y no sus corruptores.

Y si los socialistas de *ese tipo* son pocos, que cada obrero ruso se pregunte a sí mismo si, *en vísperas* de la revolución de febrero-marzo de 1917, había en Rusia muchos revolucionarios con verdadera conciencia de clase.

No se trata de la cantidad, sino de expresar correctamente las ideas y la política del proletariado verdaderamente revolucionario. No es cuestión de «proclamar» el internacionalismo, sino de saber ser internacionalistas en los hechos, aun en los momentos más difíciles.

No nos autoengañemos con esperanzas de acuerdos y congresos internacionales. Mientras dure la guerra imperialista, las relaciones internacionales se verán atenazadas por la férrea dictadura militar burguesa e imperialista. Si hasta el «republicano» Miliukov, que se ve obligado a tolerar el gobierno paralelo del Soviet de diputados obreros, *no dejó* entrar en Rusia en abril de 1917 al socialista suizo *Fritz Platten,* secretario del partido, internacionalista y participante de las conferencias de Zimmerwald y Kienthal, pese al hecho de que Platten está casado con una rusa, cuya familia venía a visitar, y pese al hecho de que tomó parte en la revolución de 1905 en Riga y fue recluido por ello en una cárcel rusa, y que para obtener su libertad tuvo que dar una fianza al gobierno zarista cuyo reembolso deseaba lograr; si hasta el «republicano» Miliukov ha podido *hacer* eso en Rusia, en abril de 1917, júzguese qué valor pueden tener las promesas y seguridades, las frases y declaraciones de la burguesía a propósito de la paz sin anexiones, etcétera.

¿Y la detención de Trotski por el gobierno británico? ¿Y la negativa de permitir a Mártov salir de Suiza, y las maniobras para hacerlo ir a Inglaterra, donde le aguarda la suerte de Trotski?

No abriguemos ilusiones. No debemos engañarnos a nosotros mismos.

«Esperar» la reunión de congresos o conferencias internacionales es simplemente *traicionar* al internacionalismo, puesto que está demostrado que incluso desde Estocolmo no dejan llegar aquí a los socialistas fieles al internacionalismo, *ni siquiera sus cartas,* aunque ello es posible y aunque existe una feroz censura militar.

Nuestro partido no debe «esperar» sino *fundar* inmediatamente una Tercera Internacional. Y cientos de socialistas encarcelados en Alemania e Inglaterra exhalarán entonces un suspiro de alivio; miles y miles de obreros alemanes, que en este momento realizan huelgas y manifestaciones que aterrorizan a ese granuja, a ese bandido de Guillermo, se enterarán, a través de volantes *ilegales* de nuestra decisión, de nuestra confianza fraternal en Karl Liebknecht y sólo en él, de *nuestra* decisión de combatir, inclusive ahora, el «defensismo revolucionario». Leerán esto y se sentirán fortalecidos en su internacionalismo revolucionario.

A quien mucho se le da, mucho se le exige. Ningún país del mundo es, *actualmente,* tan libre como Rusia. Utilicemos esta libertad, no para propugnar el apoyo a la burguesía o el «defensismo revolucionario» burgués, sino para dar un paso audaz, honrado, proletario, digno de Liebknecht, *fundando la Tercera Internacional,* una Internacional irreductiblemente hostil a los traidores socialchovinistas y a los vacilantes del «centro».

18. Después de lo dicho, no son necesarias muchas palabras para explicar que no se puede ni pensar en la unión de los socialdemócratas de Rusia.

Es preferible quedarse con un solo amigo como Liebknecht –*y ello significa quedarse con el proletariado revolucionario*– que abrigar, ni siquiera un segundo, idea alguna de unión con el partido del Comité de Organización, con Chjeídze y Tsereteli, que toleran en *Rabóchaia Gazeta* un bloque con Potrésov, que en el Comité Ejecutivo del Soviet de diputados obreros[28] votaron por el empréstito y que se han sumergido en el «defensismo».

---

[28] El 7 (20) de abril de 1917 el CEC del Soviet de Petrogrado aprobó por mayoría de votos (21 sobre 14) una resolución de apoyo activo al denominado «Empréstito de la libertad», lanzado por el Gobierno Provisional para financiar la continuación de la guerra imperialista. Los miembros bolcheviques del CEC se opusieron al empréstito, declarando que el apoyo al mismo «es la peor forma de una "tregua civil"», y propusieron una resolución en la que fundamentaban su posición. Se adhirieron a los bolcheviques algunos miembros del CEC que no pertenecían al grupo.

¡Que los muertos entierren a sus muertos!

Quien quiera *ayudar* a los vacilantes, primero debe dejar de vacilar.

¿Cuál debe ser el nombre de nuestro partido, un nombre que sea científicamente exacto y contribuya políticamente a esclarecer la conciencia del proletariado?

19.   Paso ahora al punto final: al nombre de nuestro partido. Debemos denominarnos *Partido Comunista,* tal como se llamaban a sí mismos Marx y Engels.

Debemos insistir en que somos marxistas y que nos basamos en el *Manifiesto comunista,* que ha sido tergiversado y traicionado por los socialdemócratas en dos puntos esenciales: 1) Los obreros no tienen patria: la «defensa de la patria», en una guerra imperialista, es una traición al socialismo. 2) La teoría marxista del Estado ha sido tergiversada por la Segunda Internacional.

El nombre de «socialdemocracia» es *científicamente* incorrecto, como señaló Marx reiteradas veces, en particular en 1875, en la *Crítica del Programa de Gotha,* y como lo reiteró Engels, de forma más popular, en 1894. Del capitalismo la humanidad sólo puede pasar directamente al socialismo, es decir, a la propiedad social de los medios de producción y a la distribución de los productos según la cantidad de trabajo que realiza cada individuo. Nuestro partido mira más allá: el socialismo debe inevitablemente transformarse gradualmente en comunismo, cuya bandera lleva el lema «De cada uno según su capacidad, a cada uno según su necesidad».

El problema fue trasladado al pleno del soviet y fue previamente debatido en los distintos grupos *[N. del Ed.].*

Tal es mi primer argumento.

He aquí el segundo: la segunda parte del nombre de nuestro partido (social*demócrata*) es también incorrecta científicamente. La democracia es una forma de Estado y nosotros, los marxistas, somos contrarios a *toda clase* de Estado.

Los dirigentes de la Segunda Internacional (1889-1914), los señores Plejánov, Kautsky y sus semejantes, han vulgarizado y tergiversado el marxismo.

El marxismo se distingue del anarquismo en que reconoce *la necesidad de un Estado* para la transición al socialismo, pero (es en esto en lo que nos distinguimos de Kautsky y Cía.) *no de un Estado del tipo* de la república parlamentaria democraticoburguesa corriente, sino de un Estado como la Comuna de París de 1871 y como los soviets de diputados obreros de 1905 y 1917.

Mi tercer argumento: *la realidad viva,* la revolución, ha creado *ya* en nuestro país *prácticamente,* si bien en una forma aún débil, embrionaria, precisamente ese nuevo tipo de «Estado», que no es un Estado en el sentido estricto de la palabra.

Esta es *ya* una cuestión de la actividad práctica del pueblo, y no sólo una teoría de dirigentes.

El Estado, en el sentido estricto de la palabra, es la dominación sobre el pueblo mediante contingentes armados, divorciados del pueblo.

Nuestro Estado nuevo, *naciente,* es también un Estado, pues también nosotros necesitamos contingentes armados, también nosotros necesitamos el orden *más estricto,* y debemos aplastar *sin piedad,* por la fuerza, todos los intentos de una contrarrevolución, ya sea zarista o guchkovista-burguesa.

Pero nuestro Estado nuevo, *naciente,* no es ya un Estado en el sentido estricto de la palabra, pues en varias regiones de Rusia estos contingentes armados están constituidos por las *propias masas,* por todo el pueblo, y no por ciertas personas privilegiadas, colocadas por encima del pueblo, divorciadas del pueblo, y en la práctica inamovibles.

Debemos mirar hacia adelante y no hacia atrás, a la democracia corriente de tipo burgués, que consolida la dominación de la burguesía con ayuda de los viejos organismos administrativos *monárquicos*, la policía, el ejército y la burocracia.

Debemos mirar hacia adelante, hacia la naciente nueva democracia, que ya está dejando de ser una democracia, pues democracia significa la dominación del pueblo, y el pueblo armado no puede ejercer dominio sobre sí mismo.

El término democracia, aplicado al Partido Comunista, no es sólo científicamente incorrecto; se ha convertido, desde marzo de 1917, nada más que en *anteojera* puesta al pueblo revolucionario, *impidiéndole* emprender intrépida y libremente y por iniciativa propia, la construcción de lo nuevo: los soviets de diputados obreros, campesinos, etc., como poder único en el «Estado», y como precursor de la «extinción» del Estado, *en todas sus formas*.

Mi cuarto argumento: debemos tener en cuenta la situación real en que se encuentra el socialismo en el plano internacional.

No es la misma que la existente de 1871 a 1914, cuando Marx y Engels, con conocimiento de causa, toleraron el inexacto término oportunista de «socialdemocracia». Pues en ese *entonces,* después de la derrota de la Comuna de París, la historia había convertido en tarea del momento la labor lenta de organización y educación. Nada más podía hacerse. Los anarquistas estaban entonces (como lo están hoy) profundamente equivocados, no sólo desde el punto de vista teórico, sino también desde el punto de vista económico y político. Los anarquistas juzgaban erróneamente la realidad del momento, pues no comprendieron la situación internacional; el obrero de Inglaterra corrompido por los beneficios imperialistas, la Comuna derrotada en París, el reciente triunfo del movimiento nacional-burgués en Alemania (1871), el letargo secular de la Rusia semifeudal.

Marx y Engels apreciaron correctamente el momento; comprendieron la situación internacional, comprendieron que hay que aproximarse *lentamente* al comienzo de la revolución social.

También nosotros debemos comprender los rasgos específicos y las tareas de la nueva época. No imitemos a aquellos despreciables marxistas de quienes decía Marx «sembré dientes de dragón y coseché pulgas»[29].

La necesidad objetiva del capitalismo, que se transformó en imperialismo, originó la guerra imperialista. La guerra ha llevado a la humanidad *al borde del abismo,* al borde de la destrucción de la civilización, del embrutecimiento y el aniquilamiento de millones y más millones de seres humanos.

No *hay* más salida que una revolución proletaria.

Y en el momento mismo en que esa revolución comienza, en que da sus primeros pasos, vacilantes, inseguros, pasos que traducen demasiada confianza en la burguesía, en ese momento, la mayoría (esto es verdad, esto es un hecho) de los dirigentes «socialdemócratas», de los parlamentarios «socialdemócratas», de los periódicos «socialdemócratas» –y son estos precisamente, los órganos que influyen en el pueblo– *deserta* del socialismo, *traiciona* el socialismo y se pasa al campo de «su» burguesía nacional.

Esos dirigentes han confundido al pueblo, lo han desorientado y engañado.

---

[29] La expresión citada es de H. Heine, según el testimonio de K. Marx y F. Engels, quienes la usaron por primera vez en su obra *La ideología alemana [N. del Ed.].*

¡Y si nosotros conservamos el viejo y anticuado nombre del partido, tan podrido como la Segunda Internacional, favoreceremos y fomentaremos ese engaño!

Por supuesto, «muchos» obreros *interpretan* honradamente la socialdemocracia. Pero ya es hora de aprender a distinguir lo subjetivo de lo objetivo.

Subjetivamente, esos obreros socialdemócratas son los más fieles dirigentes de los proletarios.

Pero objetivamente la situación internacional es tal que el antiguo nombre de nuestro partido facilita el engaño del pueblo, frena el avance, pues a cada paso, en cada periódico, en cada grupo parlamentario, las masas ven *dirigentes,* es decir, personas cuyas palabras resuenan más y cuyos actos son más visibles; sin embargo, todos ellos son «seudosocialdemócratas», todos están «por la unidad» con los traidores al socialismo, con los socialchovinistas, y todos se presentan a cobrar los viejos billetes emitidos por la «socialdemocracia»...

¿Cuáles son los argumentos en contra?... Nos confundirán con los anarcocomunistas, dicen...

¿Y por qué no tememos ser confundidos con los social nacionalistas, los social liberales o los radical socialistas, el principal partido burgués de la República francesa, y el más ducho en el engaño burgués del pueblo?... Se nos dice: el pueblo está habituado a él, los obreros se han «encariñado» con su partido socialdemócrata.

Ese es el único argumento, pero es un argumento que descarta la ciencia marxista, las tareas de mañana en la revolución, y la situación objetiva del socialismo mundial, la bancarrota vergonzosa de la Segunda Internacional y el daño ocasionado a la causa práctica por la multitud de «seudosocialdemócratas» que rodean a los proletarios.

Es un argumento de rutina, de inercia, de estancamiento.

Pero nosotros nos proponemos reconstruir el mundo. Nosotros nos proponemos poner fin a la Guerra Mundial imperialista, a la que han sido lanzados cientos de millones de hombres, en la que están comprometidos los intereses de muchos cientos de miles de millones de capital, una guerra que no puede terminar en una paz verdaderamente democrática sin la revolución proletaria más grande en la historia de la humanidad.

Sin embargo, tenemos miedo de nosotros mismos. No nos decidimos a desechar la «vieja y querida» camisa sucia…

Ya es hora de desechar la camisa sucia, y ponerse ropa limpia.

Petrogrado, 10 de abril de 1917.

Epílogo

Mi folleto ha envejecido a causa de la desorganización económica general y de la poca eficiencia de las imprentas de Petrogrado. El folleto fue escrito el 10 de abril de 1917, hoy estamos a 28 de mayo, ¡y aún no ha salido!

Lo escribí como proyecto de plataforma para difundir mis puntos de vista antes de la conferencia de toda Rusia de nuestro partido[30], el Partido Obrero Socialdemócrata bolchevique de Rusia. Se hicieron varias copias del folleto a máquina que se

---

[30] La *VII Conferencia (de abril) de toda Rusia del POSDR(b)* fue convocada por resolución del CC del POSDR(b) aprobada entre el 4 y el 8 (17 al 21 de abril) y se realizó en Petrogrado entre el 24 y el 29 de abril (7 al 12 de mayo) de 1917. Fue la primera conferencia del partido que sesionó en la legalidad. Su convocatoria fue publicada en el número 31 de *Pravda* del 13 (26) de abril; la labor organizativa estuvo a cargo de la Comisión Ejecutiva del CC del POSDR(b). Las elecciones se llevaron a

distribuyeron entre los miembros del partido y antes y durante la conferencia, de modo que, en parte, cumplió su cometido. Pero la conferencia tuvo lugar del 24 al 29 de abril de
1917, sus resoluciones fueron publicadas hace tiempo (véase
el suplemento del número 13 de *Soldátskaia Pravda*[31], y el

---

cabo en las conferencias de las organizaciones locales, nombrándose un
delegado por cada quinientos afiliados al partido.

Con motivo de la divergencias surgidas en el CC en cuanto a la apreciación de las perspectivas de la revolución y las tareas del partido, se aprobó por unanimidad la resolución de debatir abiertamente este problema.
Como material de discusión se utilizaron las *Tesis de abril* de Lenin, publicadas en *Pravda* del 7 (20) de abril. De esta manera las organizaciones locales tuvieron la posibilidad de discutir previamente los problemas incluidos en la orden del día, y de establecer la opinión de los afiliados de base.

Además de eso, entre los delegados que llegaban a Petrogrado se dis-
tribuyó el texto mecanografiado del folleto «Las tareas del proletariado en
nuestra revolución» (*op. cit.*, t. XXIV), escrito por Lenin como proyecto
de plataforma antes de la conferencia. Durante la conferencia, con ante-
rioridad al 26 de abril (9 de mayo), se publicó el trabajo de Lenin «Cartas
sobre táctica. Carta primera» (*op. cit.*, t. XXIV), para que los delegados
pudiesen conocerlo antes de votar la resolución sobre la situación actual.

La significación histórica de la VII Conferencia (de abril) consistió
en haber aprobado el programa leninista para el paso a la segunda etapa
de la revolución en Rusia; haber trazado el plan de lucha por la transformación de la revolución democraticoburguesa en revolución socialista y
planteado la exigencia de que todo el poder pasara a los soviets; con esta
consigna los bolcheviques preparaban a las masas para la revolución proletaria *[N. del Ed.]*.

[31] *Soldátskaia Pravda [La verdad del soldado]:* periódico bolchevique
que comenzó a aparecer en Petrogrado desde el 15 (28) de abril de 1917,
como órgano de la Organización Militar adjunta al Comité del POSDR(b)
de Petrogrado; desde el número 26, del 19 de mayo (1 de junio) de 1917
pasó a ser el órgano de la Organización Militar adjunta al CC del
POSDR(b): su tirada era de 50.000 a 75.000 ejemplares, la mitad de los
cuales se enviaban al frente. En 1917 la redacción de *Soldátskaia Pravda*
estaba integrada por A. F. Ilia-Zhenevski, V. I. Nievski, N. I. Podvoiski
y otros. En el periódico se publicaron mas de 60 artículos de Lenin,

lector atento notará que mi folleto sirvió, en muchos casos, de proyecto original de esas resoluciones.

Me resta expresar la esperanza de que el folleto aporte todavía algún beneficio por su vinculación con esas resoluciones y porque las explica, y ocuparme aquí de dos puntos.

En la página 27 sugiero que nos quedemos en Zimmerwald sólo con fines de información[32]. La conferencia no estuvo de acuerdo en este punto y tuve que votar contra la resolución sobre la Internacional. Ahora se hace evidente que la conferencia cometió un error y que el curso de los acontecimientos pronto enmendará. Al permanecer en Zimmerwald, nosotros (aun contra nuestra voluntad) ayudamos a postergar la creación de la Tercera internacional, frenamos indirectamente su creación por estar aplastados por el peso muerto de la conferencia de Zimmerwald, política e ideológicamente muerta.

Ante todos los partidos obreros del mundo la situación de nuestro partido es ahora tal que estamos *obligados* a *fun-*

---

entre ellos los escritos especialmente para la publicación. En el suplemento del número 13 del 3 (16) de mayo, se publicaron las resoluciones de la VII Conferencia (de abril) de toda Rusia del POSDR(b), con un «Prólogo» escrito por Lenin. Entre sus colaboradores estaban M. M. Volodarski, F. E. Dzerzhinski, M. I. Kalinin, N. K. Krúpskaia, N. V. Krilenko, D. E. Manuilski, V. R. Menzhinski y otros dirigentes del partido de los bolcheviques. El periódico gozaba de gran popularidad entre los soldados. Después de los acontecimientos de julio de 1917 fue clausurado por el Gobierno Provisional. De julio a octubre apareció con los nombres de *Babochi i Soldat [El obrero y el soldado]* y *Soldat [El soldado]*. Desde el 27 de octubre (9 de noviembre) de 1917 reapareció con su antiguo nombre. En marzo de 1918 el periódico fue suspendido por un decreto del CC del PC(b) de Rusia, que reemplazaba los periódicos *Derevénskaia Pravda [La verdad del campo]* y *Soldátskaia Pravda* por el periódico *Bednotá [Los pobres] [N. del Ed.]*.

[32] Véase el presente trabajo, pp. 78 y 79 *[N. del Ed.]*.

dar sin dilaciones la Tercera Internacional. Hoy, salvo nosotros nadie podrá hacerlo, y las demoras sólo pueden causar daño. Si nos quedamos en Zimmerwald con meros fines de información, tendremos las manos libres para crear la nueva Internacional (y al mismo tiempo poder *utilizar* Zimmerwald, si las circunstancias lo permiten).

A causa del error cometido por la conferencia, ahora debemos esperar pasivamente por lo menos hasta el 5 de julio de 1917 (fecha fijada para la conferencia de Zimmerwald; ¡siempre que no la vuelvan a postergar! Ya fue postergada, una vez…)[33].

Pero la resolución aprobada por unanimidad en el Comité Central de nuestro partido después de la conferencia, publi-

---

[33] La convocatoria de la tercera conferencia de Zimmerwald (en Estocolmo) había sido fijada por la Comisión Socialista Internacional para el 11 de mayo de 1917, siendo postergada reiteradas veces. Lenin consideraba que los bolcheviques debían romper con la Unión de Zimmerwald, en la que los centristas se habían sometido totalmente a los socialchovinistas, y comenzar inmediatamente la organización de la Tercera Internacional. Admitía la participación en la tercera conferencia de Zimmerwald sólo a título de información. La III Conferencia (de abril) de toda Rusia, de acuerdo con el informe de G. E. Zinóviev, aprobó por mayoría de votos la resolución de que los representantes bolcheviques participaran en la conferencia.

La composición heterogénea de la conferencia determinó el carácter elástico, de compromiso, de sus resoluciones y su manifiesto. El manifiesto exhortaba a realizar una huelga general, internacional, contra la guerra y en defensa de la revolución rusa, y contó con la adhesión de los representantes de algunos partidos que no habían participado en la labor de la conferencia. También se aprobaron resoluciones en solidaridad con Friedrich Adler y los bolcheviques rusos encarcelados por Kérenski (A. M. Kolontái y otros).

La III Conferencia de Zimmerwald confirmó plenamente la conclusión de Lenin sobre el fracaso definitivo de la Unión de Zimmerwald y sobre la necesidad de romper inmediatamente con esta y crear la Tercera Internacional Comunista *[N. del Ed.]*.

cada en el número 55 de *Pravda,* del 12 de mayo, ha corregido en parte el error; se resolvió que abandonaríamos Zimmerwald si decidían conferenciar con ministros. Expreso la esperanza de que la otra mitad del error sea rápidamente rectificada, en cuanto reunamos la primera conferencia internacional «de la izquierda» (la «tercera tendencia», los «internacionalistas en los hechos»; véase más arriba, pp. 23-25[34]).

El segundo punto en el que debo detenerme es la formación del «gabinete de coalición» el 6 de mayo de 1917[35].

---

[34] Véase el presente volumen, pp. 69-77 *[N. del Ed.]*

[35] La formación del Gobierno Provisional de coalición fue una consecuencia de la crisis provocada por la nota de P. N. Miliukov, ministro de Relaciones Exteriores, a los gobiernos aliados, del 18 de abril (1 de mayo) de 1917, que confirmaba que el Gobierno Provisional observaría todos los acuerdos firmados por el Gobierno Zarista con las potencias imperialistas aliadas, Inglaterra y Francia. Como consecuencia de las demostraciones de protesta surgidas espontáneamente, que se transformaron el 20 y 21 de abril (3 y 4 de mayo) en un poderoso movimiento de obreros y soldados, el Gobierno Provisional propuso, para simular un viraje político, la destitución de Miliukov, ministro de Relaciones Exteriores, y de A. I. Guchkov, ministro de Guerra, y se dirigió al Soviet de Petrogrado expresando que estaba de acuerdo en formar un gobierno de coalición.

A pesar de la resolución del 1 (14) de marzo sobre la no participación en el Gobierno Provisional de los representantes del Soviet, el Comité Ejecutivo aceptó la proposición del Gobierno Provisional en la reunión extraordinaria de la tarde y noche del 1 (14) de mayo. En las reuniones previas de los grupos, solamente el grupo de los bolcheviques se pronunció contra el ingreso. Durante la votación definitiva se aprobó, por 44 votos contra 19 y 2 abstenciones, la resolución sobre el ingreso de representantes del Soviet en el gobierno. Para las negociaciones sobre las condiciones para la formación de un gobierno de coalición se eligió una comisión compuesta por N. S. Chjeídze, I. G. Tsereteli, F. I. Dan, B. O. Bogdánov (mencheviques); B. V. Stankévich, L. M. Bramson (trudoviques); A. R. Gots, V. M. Cheznov (eseristas); L. B. Kámenev (bolchevique); K. Iurénev (interzonal); y N. N. Sujánov (socialdemócrata que no integraba en los grupos). En la tarde del 2 (15) de mayo se realizó una reu-

Puede parecer que en este punto el folleto esté particularmente anticuado.

Pero, en realidad, de todos los puntos es este el que no
está anticuado en absoluto. El folleto está *enteramente* basado en el análisis *de clase*, cosa que los mencheviques y los
populistas, que han proporcionado seis ministros en calidad
de rehenes a los diez ministros capitalistas, temen mortal-
mente, y porque mi folleto se basa íntegramente en el análisis de clase, no ha envejecido; la única modificación pro-
ducida por la incorporación de Tsereteli, Chernov y Cía. al
gabinete es *insignificante,* en *forma* del acuerdo del Soviet de
Petrogrado con el gobierno capitalista y yo subrayé delibe-
radamente en mi folleto (en la página 8) que «no me refiero
tanto al acuerdo formal, como al apoyo efectivo»[36].

Cada día se hace más claro que Tsereteli, Chernov y Cía.
no son nada más que rehenes de los capitalistas, que el gobierno «renovado» no quiere ni puede cumplir ninguna de
sus exuberantes promesas, ni en la política exterior, ni en la

---

nión extraordinaria del Soviet de Petrogrado, donde fueron aprobadas
por mayoría de votos las acciones del Comité Ejecutivo. Después de las
negociaciones, el 5 (18) de mayo, se logró un acuerdo sobre la distribución de cargos en el nuevo gobierno, donde debían ingresar cinco ministros socialistas: A. F Kérenski, ministro de Guerra y Marina; M. I. Skó-
bel, ministro de Trabajo; V. M. Chernov, ministro de Agricultura; A. V.
Peshejónov, ministro de Abastecimientos; e I. G. Tsereteli, ministro de
Comunicaciones. En la tarde del 5 (18) de mayo el Soviet de Petrogrado,
después de escuchar el informe del Skóbeliev sobre los resultados de las
negociaciones con el Gobierno Provisional, dispuso integrar el gobierno
con sus representantes, con la condición de que debían responder ante el
Soviet, y expresó su completa confianza al nuevo gobierno.
    Lenin escribió más tarde que al integrar el gobierno burgués, los
eseristas y mencheviques «lo salvaron de la catástrofe y permitieron que
los transformaran en sus lacayos y defensores» *[N. del Ed.].*
[36] Véase el presente volumen, pp. 44-45 *[N. del Ed.].*

interna. Chernov, Tsereteli y Cía. han cometido un suicidio político al convertirse en ayudantes de los capitalistas, en gente que en realidad estrangula la revolución. Kérenski ha caído tan bajo como para emplear la fuerza contra las masas (compárese con la página 9 del folleto: «por el momento, Guchkov sólo amenaza con emplear la violencia, contra las masas»[37], mientras que Kérenski *ha tenido* que poner en práctica esas amenazas...)[38]. Chernov, Tsereteli y Cía. se han suicidado políticamente y han matado a sus partidos, el menchevique y el socialista revolucionario. El pueblo comprenderá esto cada día con mayor claridad.

El gabinete de coalición no es más que un momento de transición en el desarrollo de las contradicciones de clase fundamentales de nuestra revolución, brevemente analizadas en el folleto. Las cosas no pueden seguir así mucho tiempo. O vamos hacia atrás, hacia la contrarrevolución en toda la línea, o hacia adelante, hacia el paso del poder a manos de otras clases. No podemos permanecer inmóviles en tiempos de revolución, en plena Guerra Mundial imperialista.

Petrogrado, 28 de mayo de 1917.

N. Lenin

---

[37] Véase el presente volumen, pp. 45-47 *[N. del Ed.]*.

[38] Lenin se refiere al decreto Declaración de los derechos del sodado, promulgado el 11 (24) de mayo de 1917 por A. F. Kérenski, ministro de Guerra, en la que se establecía, en una cláusula especial, las medidas disciplinarias de guerra que los superiores debían aplicar a sus subordinados que no acataran las órdenes recibidas. El objetivo perseguido era castigar a los soldados y oficiales que se negaran a marchar a la ofensiva, y simultáneamente con la publicación del decreto, Kérenski impartió las órdenes pertinentes para reorganizar los destacamentos e iniciar proceso a los oficiales y soldados que «instigaban a desacatar» las órdenes de los superiores *[N. del Ed.]*.

Índice